# アンネ、わたしたちは老人になるまで生き延びられた。

## クラスメートたちがたどるアンネ・フランクの思い出

テオ・コステル　桜田直美 訳

清流出版

# アンネたちが通った学校

アムステルダムのモンテッソーリ学校の建物。現在は「アンネ・フランク・スクール」として知られる。

アムステルダムのユダヤ人中学校の現在の姿。理容美容専門学校になっているが、建物の外観は第二次大戦の前からほとんど変わっていない。

写真提供:シドニー・ブランダイス

# ホロコーストの跡地に

ハンナ・ホスラーがアンネ・フランクと金網越しに短い再会を果たしたヴェステルボルク通過収容所の跡地。

ヴェステルボルク跡地に飾られるホロコースト記念碑。102,000個の小さな石柱は、それぞれがこの収容所で亡くなった人を表している。

写真提供:著者

第二次世界大戦のさなか、みずからの命を大きな危険にさらしながらも、
二年半にわたって私をかくまい、温かく迎えてくれたスースと
バレント・ファン・ベークに本書を捧げる。

目次

イラストレーション　タムラフキコ
ブックデザイン　アルビレオ
編集協力　オフィス・カガ

# プロローグ

## アンネのクラスメートたち

十四歳の私、モーリス・コステルが、アンネ・フランクをはじめとするクラスメートたちと遊んでいたあの時代は、年月を経るごとに記憶の彼方へ遠ざかっていく。ドイツがオランダを占領し、アムステルダムに暮らすすべてのユダヤ人の子供が特別学校に通わされるようになってから、すでに六五年以上の月日がたった。

アンネ・フランクと私は、同じユダヤ人中学校に通うことになった。国中でユダヤ人が迫害を受けるなか、学校の教室からは、子供たちが一人、また一人と消えていった。消えた子供たちは、当局に捕らえられたか、強制収容所に送られたか、または隠れて暮らすことを選んだのだった。

父の先見の明と賢い判断のおかげで、私たち一家は、ドイツ軍がドアを叩く音を聞く前に潜伏生活に入ることができた。三歳年上の姉は、数ヶ月前にはすでに、ベルギーにあるカトリックの女子寄宿学校へ送られていた。アムステルダムに残った父、母、私は、それぞれがオランダ各地に散り、別々に潜伏生活を送ることになる。

私はファッセンという街に暮らす、子供のない夫婦に引き取られた。ファッセンでの私は、アムステルダムからやってきた家主の甥《おい》を名乗っていた。身元を偽《いつわ》るなら、名前も新しくしなければならない。そこで私は「テオ」という名前を選んだ。テオ・コステル――私はこの新しい名前とともに、残りの人生を生きることになる。

今からふり返ると、私はそれほど大きな苦労をすることなく、戦争を生き残ることができた。他の家族もみな無事で、一家でアムステルダムに戻ったときも、すぐに元の家で暮らすことができた。わが家はまるで何事もなかったかのように、傷一つなく昔のままの姿で残っていた。

戦争が終わると、私の望みはたった一つだけだった。それは、自分の人生を始めることだ。一九四八年、私は初めて『Het achterhuis』を読んだ。これはオランダで最初に出版されたアンネの日記で、「Het achterhuis」とはオランダ語で「後ろの家」という意味になる。フランク一家が隠れていた、秘密の隠れ家のことだ。昔のクラスメートがこんなにもつらい経験をしていたことを知り、私は心が大きく揺さぶられる思いだった。それにアンネの文章や行動は、年齢よりもずっと大人びていた。

オランダのナイエンローデ・ビジネス大学を卒業した私は、他に選択肢もなかったので、父親が経営する印刷会社で三年間働くことになった。しかし、イスラエルに行けば私のような教育を受けた若者にチャンスがあると聞くと、早速フリースラントでモペッド（ペダルのついた小型オートバイ）を調達し、そのままヨーロッパを縦断してイスラエルに向かった。当時のヨーロッパ大陸は、戦争の爪跡をまだ色濃く残しながら、冷戦の時代に突入しようとしていた。

私はすべてを捨ててイスラエルに渡った。到着するとすぐに仕事を見つけ、そして未来の妻となるオラと出会う。オラも私もユダヤ人で、テルアビブに住んでいた。現在でも自宅を構えるテルアビブという土地は、当時から多くのユダヤ人にとって安息の地となっていた。

しかし、私がイスラエルに移ったのは、そこがユダヤ人の国だったからではない。ただ住む場所と仕事を探していただけだ。私は何か創造的な活動がしたいと思っていて、イスラエルならその希望を叶えることができた。オラと私は、すぐにすばらしいアイデアをいくつも思いつく。そして一九七九年、二人で「Wie is het?」（オランダ語で「これは誰？」）と呼んでいたボードゲームを考案し、ついに突破口が訪れた。玩具メーカー大手ミルトン・ブラッドリーがこのゲームに興味を示し、「Guess Who?」という名前でイギリスで発売したのである。このゲームは驚くほどの成功を収め、一九八二年にはアメリカでも発売された。以来、世界のほぼすべての国で人気を博している。

戦争の記憶は、私の中から完全に消えることはなかった。しかし、戦争と正面から向き合わざるをえなくなったのは、かなりの年月がたってからのことになる。あれは二〇〇一年、ナチス時代のアムステルダムに存在したユダヤ人中学校を描いた本が出版されたときのことだ。本のタイトルは『アブセント（欠席）』で、著者はディーンケ・ホンディウス。内容の中心は、著名な知識人のジャック・プレセールとヤープ・マイヤーが教授陣に名を連ねていた、一九四一年から四三年の期間の話だ。

出版記念パーティには、かつての生徒たちが、できるだけたくさん招待された。もちろん私は招待を受け入れた。オラと私は仕事で世界中を旅していて、アムステルダムに住む親戚《しんせき》を訪ねることもよくあった。

ユダヤ人中学校に通った生徒のうち、当時まだ存命だったのは一一〇人。その半数がパーティに出席することになっていた。私たちはみな、市庁舎の小さな応接間に集まり、パーティの開始を待っていた。クラスメートたちの消息について、私はまったく知らなかった。周囲にそっと目をやり、集まった老人たちの顔に、かつて机を並べた少年少女たちの面影を見つけようとした。しかし、ほとんど知った顔を見つけることはできなかった。

スピーチが終わると、私はしばらくの間、目的もなくただ会場をぶらぶらと歩いていた。すると一瞬、一九四四年の夏の記憶が甦《よみがえ》ってきた。

美しい夏の日だ。アペルドールン運河の岸に群生するアシが、そよ風を受けて静かに揺れている。そのとき私は、禁じられている何かをまさにしようとしているために、喜びと興奮を隠しきれずにいる。その日を一緒に過ごしているある大人の男性は、私にこう言い聞かせる。これから行う冒険のことは、誰にも秘密だ、と。

「釣り竿なんてしまえよ。もっといいものがある」。彼はそう言うと、男同士だけが理解し合えるような目配せをする。男同士と言っても、私はまだ十五歳だけれど。

私たち二人の前で、運河が流れている。

「さあ、一歩下がって」と彼は言い、肩にさげた鞄《かばん》から何かを取り出す。「準備はいいか?」

私は期待に胸をふくらませながら一歩下がり、両手で耳をおおう。こんなにわくわくするのは本当に久しぶりだ。彼の口が私の名前、少なくとも彼が私の名前だと信じている名前を発音する形に動き、それから「行くぞ!」と動いたように見える。彼は手榴弾《しゅりゅうだん》から勢いよくピンを引き抜くと、運河の中に放り投げる。一瞬の間をおき、音のない激しい爆発とともに大きな水柱が上がり、それから水が四方八方に飛びちる。

彼は私のほうを見ると、声を上げて笑う。私は笑いの発作《ほっさ》が止まらなくなる。動揺しているのだろうか。目の前には、袖をびっしょり濡らした彼が笑いながら立っている。手に握っている網には、その日の夕食になる魚がたくさんつまっている。魚の体は日の光を浴びてきらきらと輝き、運河の水で濡れた彼のブーツも同じように輝く。たとえこんな日であっても、彼のブーツはこれ以上ないくらい完璧に磨きあげられている。いつでも軍事パレードに参加できるようにしておくためだ。腰に巻かれた剣帯《けんたい》が、軍服の上下を分けている。

彼が身をかがめ、手に持った魚を鞄に入れようとしたそのとき、太陽の光が襟につけられた紋章を照らしだす。それから長きにわたって恐怖の象徴になる、あの二本の稲妻が描かれた紋章だ。

「あなたも来る?」

オラが私の肩に手をおいた。私はゆっくりと、五七年前の記憶を頭から追い払った。周りを見ると、参加者たちはみな、椅子から少しずつ腰を上げているか(年を取ると、もうきびきびと動けなくなるものだ)、またはすでに、コーヒーとケーキが用意されたテーブルのほうへ向かってゆっくりと歩を進めていた。

その時点でも、知っている顔はほんの数人しか見つかっていなかった。しかし彼らの中には、かつて毎日見ていた顔がもっとあるはずだ。かつて同じ教室で一緒に勉強した子供たち、一緒に自転車で通学し、お互いの誕生日を祝い、一緒にアイスクリームを食べた子供たちの顔だ。プレゼンテーションを聞きながら、彼らもまた、私と同じように戦争時代の記憶を甦らせていたにちがいない。

そのとき、私はふと考えた。今この瞬間に、他に類のない特別な体験をした人々が一堂に会している。あふれるほどの記憶を抱えた、昔のクラスメートたちだ。それに私たちはみな、もう八十歳になろうとしていた。

私は孫が生まれてから、定期的に学校を訪ねて、みずからの体験を語るようになった。イスラエルという国が誕生したのは、第二次世界大戦の恐怖を体験したユダヤ人たちに、安全に暮らせる場所を提供するためだ。そのためこの国は、彼ら戦争体験者の物語を記録することにとても重きをおいている。一九五一年の春には、ホロコースト記念日として「ヨム・ハショア」が制定された。第二次大戦中に命を落とした、六〇〇万人のユダヤ人を追悼するための祭日だ。

もうずっと昔、私は二人の息子に、自分の戦争体験を話したことがある。どうやってあの戦争を生き抜いたのかを語り、そして自分が実はアンネ・フランクのクラスメートだったことも語った。私の物語は、息子たちを通して孫たちの学校に伝わった。そして、ある年のヨム・ハショアの日に、戦争体験とアンネ・フランクの思い出について子供たちに語ってほしいと、学校から依頼されることになる。

子供たちは私の話を熱心に聞いてくれた。自分とはまったく無縁の世界の話だが、心から興味を持ったようだった。その翌年、今度は違う学校から講演の依頼があった。そして同じことが毎年くり返され、私は定期的にイスラエルの学校で体験談を語るようになった。

二〇〇七年のある日、私は帰宅すると、教室で何度も話をするのは体力的にきつくなってきたと妻にもらした。

「無理もないわね」とオラは言った。「もうすぐ八十歳だもの」

「しかし、戦争体験を語るのは自分の務めだと思うんだ」と私は言った。

妻と私は、カウンターのところに並んで腰を下ろした。何かじっくりと話し合うことがあるときにいつも座る場所だ。二人ともしばらく黙っていた。そして突然、オラが口を開いた。

「あなたの体験を映画にしたらどうかしら」

私はびっくりして妻の顔を眺めた。「それはどういうこと?」

「あなたの体験をもとに映画を撮るってことよ。本物のプロジェクトを起ちあげて、インタビュー担当者やカメラマンを雇ってもいいと思うわ」

私は妻のアイデアについてしばらく考えてみた。たしかにおもしろい可能性を秘めている。私の体験を映画にすれば、年に一回学校で講演するよりも、もっとたくさんの人に届けることができるだろう。

「当時のクラスメートを捜すことはできるかしら」とオラは言った。「彼らも映画に協力して、自分の体験を語ってくれるかもしれない」

「アンネ・フランクのクラスメートだね」。私は言った。

オラと私は、映画のアイデアを掘り下げていった。『アブセント』の出版記念パーティが行われた六年前、私はかつてのクラスメートのナネッテ・ブリッツ・コニフと再会を果たし、それ以来ずっと電子メールで連絡を取り合っていた。たしか彼女は、他のクラスメートとも連絡を取っていると言っていたはずだ。ナネッテにも映画のアイデアについて話し、どう思うか聞いてみよう。

私は妻のオラを見た。一九六〇年代からずっと、私たちはあらゆる種類のプロジェクトに一緒に取り組んできた。一緒にゲームを発明し、一緒に芸術作品を創りあげた。一緒に本を書き、絵も描き、土の造形をやったこともある。だから、映画は作らないという法はないだろう。アンネ・フランクのクラスメートを描いたドキュメンタリー映画は、このようにして始まった。

この映画のアイデアは、豊かな実りをもたらしてくれることになる。ナネッテとは、スカイプを使ってたくさん話をした。彼女はブラジルのサンパウロ在住で、私はイスラエルのテルアビブに住んでいたが、お互いにまるでお隣さんのように感じていた。二人とも祖国オランダを離れてかなりの年月が流れていたが、それでもオランダ語をよく覚えていることに自分でも驚いていた。

ナネッテは映画のアイデアに大興奮で、四人のクラスメートの連絡先を知っていると教えてくれた。ジャクリーヌ・ファン・マールセン、レニー・ダイゼント、アルベルト・ゴメス・デ・メスキータ、ハンナ・ホスラーの四人だ。ナネッテの話では、ハンナはエルサレム在住だった。まず手始めに、ハンナと連絡を取るのがいいだろう。

実際に映画を撮るプロの映画作家は、家族の古い知り合いの中からすぐに見つけることができた。エヤル・ブールスという才能ある映画監督で、三ヶ国語を話す。エヤルの曾祖母と私の祖母が幼なじみで、一八七二年にアムステルダムのウェースペルストラート地区で一緒に遊んでいた。それ以来、両家はずっと親しい関係を続けていた。

映画プロジェクトが始まってから数ヶ月の間、オラと私はドキュメンタリー映画作りについて学んでいった。ドキュメンタリー映画には、どんな内容を盛り込んだらいいのだろうか。アンネ・フランクの日記には、ナチスに捕らえられるまでの日々のようすが、とても正確な描写で生き生きと綴られている。アンネの日記は不朽の名作だが、それと同時に、潜伏生活を強いられた一人のユダヤ人少女の個人的な物語でもある。

アンネのクラスメートたちもまた、それぞれに自分だけの物語があるはずだ。私たちはみな、戦争体験も違えば、その後の人生も違っているが、あのユダヤ人中学校に通ったという共通点がある。だから、映画に協力してくれる人をすべて訪ね、そしてもし可能なら、彼ら全員にアムステルダムに集まってもらうのがいいのではないだろうか。

一堂に会した私たちは、お互いに独自の体験を語るとともに、戦争によって人生が一変した子供たちとして、共通の物語を紡ぐこともできるだろう。戦争を生きた私たちはみな、「禍福《かふく》はあざなえる縄《なわ》のごとし」という言葉の意味を、身をもって知っている。私たちの物語を記録して、未来の世代のために残すことができるだろう。ちょうどアンネの日記と同じように。

私たちくらいの高齢になると、月日が経つのが速くなる。それに、ホロコーストを実際に目撃した人の数も減っていく一方だ。戦争が遠い昔になりつつある現代、あの時代は言われているほど悪くなかったと考える人が多くなり、それどころかホロコーストの存在さえも否定する人まで出てきている。ホロコーストを生き抜いた人たちの声を残すという意味でも、この映画プロジェクトにはとても大きな価値があるはずだ。

# 第1部

# 新しい学校

## 十三歳のとき

一九四一年の九月、オランダのナチス政権が新しい法律を制定し、ユダヤ人の子供とキリスト教徒の子供が同じ学校に通うことが禁止された。そのとき私は、すでに公立学校の入学試験に合格していたが、それでもユダヤ人中学校に通わなければならなくなった。

ユダヤ人中学校は、かつてスタッティンメルタインと呼ばれていた通りにあった。カレー劇場にほど近い、小さな通りだ。教職員もすべてユダヤ人で、生徒もすべてユダヤ人だ。現在、その建物は理容美容専門学校になっているが、外側から見るぶんには昔とほぼ同じ姿をしている。入口の上にかかげられた、たわんだ形の金属製のダビデの星と、ガラス製の記念の銘板だけが、この建物の歴史を物語っている。

学校が開かれていたのはわずか数年だった。ある時点で教師の数も生徒の数も足らなくなり、自然に消滅していったからだ。私もまた、早いうちに学校に通えなくなった生徒の一人だった。

『アブセント』の出版記念パーティで、思いのほかたくさんのユダヤ人中学校の同窓生たちに会えたのは大きな喜びだった。ユダヤ人中学校の生徒たちは、半数があの戦争を生き残ることができた。しかしオランダのユダヤ人全体で見ると、その数はわずか二割になってしまう。この違いはどこから来るのか、誰もはっきりとは説明できず、原因を探る組織的な調査もまだ行われてない。

考えられる理由の一つは経済力だ。生き残った教師や生徒の多くは、経済的に余裕があったために、潜伏生活を送ることができたのではないかと考えられている。また、アムステルダム市のユダヤ人評議会と個人的なつながりがあったおかげで、一九四三年というかなり遅い時期まで、収容所への強制移送を延長してもらった人もいた。階級、経済力、社交ネットワークなどが、明暗を分ける要素になったのだろう。私がこうやって生き残ることができたのも、父が切手のコレクションを少しずつ売却してくれたからであり、母が自分の宝石を人知れず売却してくれたからだ。裕福であること、コネがあること、頼れる友人がいることが、ある程度までは生き残る助けになった。

当時、ユダヤ人だけの学校に通うようになったことで、私たちの間には特別な仲間意識が芽生えた。それは心地よい感覚で、わくわくするような気持ちさえあったが、同時に警戒心を持たざるをえなかったのも事実だ。私たちが何か特別な目的のために「選ばれた」ことはたしかだが、その目的が何なのかはわからない。

もしかしたら、生徒の親の中には、かなり具体的に見当がついていた人もいたかもしれない。しかし私が思うに、たとえわかっていても、子供たちを怖がらせないために明言を避けていたのだろう。私たち生徒は、誰一人として、待ち受ける運命のことなどまったくわかってはいなかった。

一九四一年の九月、新学期が始まる直前に、私のバルミツバーが行われた。バルミツバーは十三歳になった男子が受ける儀式で、ユダヤ教の成人式にあたる。ユダヤ教寺院のシナゴーグで行われるのが一般的だ。たいていは宗教的な儀式だけでなく、親戚や友人を招いた盛大なパーティも行われ、プレゼントもたくさんもらえる。ユダヤ教徒の少年なら誰でも楽しみにしている行事だ。

私のバルミツバーは、レック通りにあるシナゴーグで執り行われた（その建物は今でも残っているが、シナゴーグではない）。当時のオランダでは、ユダヤ人への弾圧がまだそれほど厳しくなっていなかった。少なくとも、私たちが自由にユダヤの儀式を祝うことができたのはたしかだ。式には二〇人ほど招待した。私は大好きな化学の本をプレゼントにもらい、母親はケーキを焼いてくれた。

ユダヤ人中学校の教職員は、みなとても優秀だっただけでなく、人間的にもいい人たちばかりだった。歴史のヤープ・マイヤー先生は、後に『De Joodse wachter（ユダヤの守護者）』という新聞の編集者になる。著名な作家のジャック・プレセールもまた、ユダヤ人中学校の人気教師だった。私はとりわけ好きな学科は特になかったが、化学、物理、幾何、代数などが得意だった。

## 消えてゆく生徒たち

ある日、一人の生徒が登校しなかった。そのちょっとした出来事がすべての始まりだった。翌日、また一人の生徒がいなくなった。そしてだんだんと、教室に空席が増えていった。残った生徒たちは、空いた席を埋めるために席替えを行った。いなくなったクラスメートたちは、いったいどこへ行ったのか、誰もあえて尋ねようとはしなかった。教室で触れてはいけない話題だとわかっていたからだ。彼らはただいなくなり、残った私たちはそれ以上のことを知りたいとは思わず、知ろうともしなかった。当局に逮捕されたのか、それとも潜伏生活に入ったのか。それは誰にもわからない。わかっていたのは、いなくなった生徒たちは病気で欠席しているわけではないということ、そしてもしかしたらドイツにある強制労働キャンプと、何か関係があるのかもしれないということだけだ。

私自身は、ユダヤ人が強制的に連れ去られるのを目撃したことはなかったが、それでもそういうことが起こっているのは知っていた。大人のユダヤ人たちが定期的に集められ、労働キャンプに送られていた。一九四二年の春からは、十六歳そこそこの子供までもが集められるようになった。そして、そのとき十六歳だったアンネの姉のマルゴット・フランクが、当局から呼び出しを受ける。それをきっかけに、フランク家は潜伏生活に入る決心をした。

それとちょうど同じころ、私の両親も一家で身を隠すことに決めた。つまり私にとっては、もう学校には通えなくなるということだ。私もまた、出席簿に「欠席」と書かれるだけで、理由も居場所もわからない生徒の仲間入りをすることになった。

私はアンネ・フランクよりも早く潜伏生活に入った。当時の私にとって、アンネはクラスメートの一人にすぎず、特にこれといった印象もなかった。クラスメートとして好いてはいたが、ロマンチックな感情があったわけでもない。私たちはまだほんの子供で、恋愛のような真剣な関係を持つには早すぎたからだろう。子供なりに誰かに恋心を抱くことはあったけれど、正式に「つきあう」ことも、キスをしたり、もっと先に行ったりすることもなかった。あの当時は、ただ手をつないで歩くだけでも大騒ぎだった。

私は今でも、アンネ・フランクを「アンネ」と呼ぶことに違和感を覚える。教室での彼女は、アンネではなくアンネリースだった。みんな彼女をアンネリースと呼んでいた。ただ彼女自身は、アンネという呼び方のほうが好きだったようだ。自分の日記ではアンネという名前を使い、後に本になったときも表紙には「アンネ」と書いてあった。しかしそうとはいえ、私たちクラスメートにとっては「アンネリース」であり、私もずっと彼女をそう呼んでいた。考えてみれば、彼女もまた、私の名前が「テオ」に変わったと知ったら驚くだろう。彼女にとって、私はいつも「モーリス」だった。

ユダヤ人中学校に通った生徒は、男女合わせて四九〇人。終戦後に戻ってきたのはそのうちのわずか半数だった。私が所属した1L2組には三〇人の生徒がいた。うち一七人は、ナチスの収容所で命を落としている。現在も存命のクラスメートのうち、八人がオランダ在住で、二人がイスラエル、一人がブラジルにそれぞれ住んでいる。あとの二人は住所がわかっていない。

## 金網越しの会話

最初に再会するクラスメートは、イスラエル在住のハンナ・ピック＝ホスラーだ。エルサレムにある彼女の自宅までは六〇キロ足らずしかない。ふだんなら車で一時間もかからないが、今日は特別に暑い日で、それに道路もひどく渋滞している。私は運転に注意しながら、同乗する映画監督のエヤルにハンナのことを話す。

ハンナの一家は、ベルリンからアムステルダムに移ってきた。オランダで戦争が始まる前のことだ。一九四三年六月二〇日、アムステルダム・ザウト地区（アムステルダム市の南部）で大規模なユダヤ人の一斉検挙が行われたとき、ハンナの一家も当局に逮捕された。ベルゲン・ベルゼン強制収容所に送られたハンナは、そこで有刺鉄線の金網越しに、アンネ・フランクと短い会話を何度か交わす。

　収容所でアンネと再会するきっかけを作ってくれたのは、フランク家の友人だったミセス・ダーンという人物だった。ハンナは彼女から、アンネも同じ収容所にいると聞かされる。ハンナはてっきり、アンネの一家は無事スイスに逃亡したと思っていたので、ミセス・ダーンの言葉が信じられなかった。

　しかしそのとき、アンネの声がハンナの耳に届いた。有刺鉄線の金網には藁《わら》がかけてあったので、二人はお互いの顔を見ることはできなかった。それでも短い会話の中で、ハンナはアンネに、赤十字から支給された物資を渡すと約束した。収容所の中でハンナがいた場所は、捕虜交換要員が集められていて、ときおり救援物資が届けられることがあったからだ。翌日の夜、ハンナは物資を金網の向こうに投げたが、他の誰かに横取りされてしまった。その数日後にまた挑戦し、今度は無事にアンネの手に渡った。

## アンネの誕生パーティ

ハンナの家に到着すると、運転の疲れが一気に吹き飛ぶ。ハンナは明るい女性で、赤い口紅を塗り、赤いブラウスを着て、小さなかわいらしい白い帽子をかぶっている。本棚には本があふれ、アパートの部屋は明るく、そして色彩も鮮やかだ。ハンナもかなりの高齢になっているが、人生を心から楽しんでいるのがわかる。鋭い太陽の光が窓ガラスとレースのカーテンを通して差し込み、リビングを明るく照らしだしている。ハンナはクッキーとレモネードを出してくれる。まるでそうすれば、記憶が呼び覚まされるとでもいうように。

私はハンナの本棚に、アンネが書いた『隠れ家から届いた物語（Tales from the Secret Annex)』の古い版があるのを見つける。これは、有名な日記とは別に、アンネが書いた小説やおとぎ話、ちょっとした雑文などを集めた本だ。私は本を手にとって開く。

「この中に私も登場しているんだよ。知っていた?」と私は尋ねる。ユダヤ人中学校のことが書かれた短い章を開き、自分の名前が出てくるところを朗読する。ハンナは驚き、声を上げて笑う。私が登場しているのを知らなかったようだ。もちろん、アンネのクラスメートで戦争を生き残った私たちは、アンネの書いた本はすべて持っているし、どの本も少なくとも一回は読んでいる。それでも内容をすべて覚えているわけではないということだ。

ハンナは人差し指を使って眼鏡《めがね》の位置を直すと、アンネの日記の一節を読み上げる。日記の日付は、一九四三年一一月二七日の土曜日だ。アンネは夢を見た。ハンナが登場する悪夢だ。「私の前に立った彼女は、ぼろぼろの服を着て、痩せこけた、やつれた顔をしていました。目だけ異様に大きく、その目がとても悲しげに、責めるようにこちらを見ているので、わたしにも彼女の内心の思いが読みとれました。『ああ、アンネ、どうしてあたしを見捨てたの?』」

ほんの一瞬、ハンナは身をこわばらせるが、それでも日記を読み続ける。アンネは自分の罪悪感について綴《つづ》り、神の慰めを願う。そのとき、アンネはハンナの居場所を知らなかった。外の世界の出来事は、アンネたちが暮らす「隠れ家」にはほとんど伝わってこなかったからだ。「いつまでもこのことをくよくよ考えていてもしかたありません」と、アンネの日記は続く。「考えても、どうにもならないことですから。ただ、彼女の大きな目がたえず眼前にちらついて、忘れようとしても忘れられないだけです」

ハンナはおごそかに本を閉じる。すぐに本棚に戻そうかと思案するが、結局は二人の間のテーブルの上に置く。突然、クッキーにもレモネードにもそれほど心が躍らなくなる。

私はハンナに言う。「日記の中で、アンネは自分の家で開いた誕生パーティのことを書いていたね。私もその日、メルヴェデプレインのアンネの家に招待されていたんだよ。覚えているかな」

「そうね」。ハンナは少し考えてから答える。「実を言うと、男の子は一人もいなかったような気がするわ」

「でも、本当にいたんだよ。一九四二年だ」

「あら、ちょっと待って……。一九四二年のパーティって、あのみんなで映画を観たときね！」

「そうだ――オットーが名犬リンチンチンの映画を上映してくれたときだよ」

「だんだん思い出してきたわ。あの年はきっとたくさんの人を招待したのね。当時は映画を観にいくのが禁止されていたから、アンネが男の子も招待したのもそのせいかもしれない。アンネにはいつも男の子の友だちがたくさんいたものね」

「うん、たしかにボーイフレンドには事欠かなかった。アンネも自分で書いていたよね。『ボーイフレンドもぞろぞろいます。みんなななんとかしてわたしの目をひこうとして、それがうまくいかないと、教室の鏡でこっそりこちらを見ているくらいです』、だったかな。そうだ、ここに書いてある。一九四二年六月二〇日の土曜日の日記だ」

私が招待されたアンネの誕生パーティは、メルヴェデプレインにあるフランク家の自宅で開かれた。たぶん土曜の午後だっただろう。招待された子供たちはみな、名犬リンチンチンの映画を観るのを楽しみにしていた。リンチンチンは英雄的な活躍をするジャーマンシェパードで、名犬ラッシーの元祖とも言える存在だ。

アンネの父親のオットー・フランク氏は、ペクチンを製造するオペクタ商会という会社を経営していた。ペクチンは当時、ジャムを作るのに欠かせない材料だった。リンチンチンの映画を上映する前に、オットーはペクチンの使い方についての短編も見せてくれた。私の母親もイチゴジャムを手作りしていたので、私にとってはとても興味深い内容だった。

パーティにコカ・コーラはなく、飲み物はレモネードだった。クッキーとケーキもあった。アンネはとても人気者だったので、男の子も女の子もたくさんパーティに来ていた。アンネはテーブルの上にもらったプレゼントを並べていた。自分が何をあげたのかは覚えていない——おそらく本か何かだったのだろう。

「アンネはどんな子だった？」と、私はハンナに尋ねる。

「胡椒みたいな女の子だったわ」と彼女は答える。「オランダではああいう子はおしゃまさんって呼ばれるのかしら。母がよく言っていたわ。『神様は何でもご存じだけど、アンネは何でも神様よりも知っているのよね』って。アンネ自身も本気でそう思っていたんじゃないかしら」。ハンナはそう言って笑う。

　この言葉には、アンネの人となりを物語る何かがあるかもしれない。私から見たアンネは「生意気な女の子」だった。教室でのアンネは、先生から指名されなくても平気で勝手に発言するような子だった。利発な少女だったことは間違いないが、それでも特別に頭がいいという印象はなかった。

　ハンナがこんな出来事を思い出す。終戦後、夫にユダヤ人中学校を案内しようと思い、許可を求めて校長だったミセス・クペルスを訪ねたときのことだ。

「先生と一緒に学校へ行ったときに、アンネについて尋ねてみたの。『あの当時、アンネに何か特別なところがあると思いましたか？』って。先生は特に思わなかったと答えたけれど、こうも言っていたわ。『あの年代の女の子が、友だちから引き離され、植物や動物からも引き離され――実際、すべてのものから引き離されて、大人ばかりに囲まれた環境に身をおくと、いろいろなことが一気に成長するものなのよ。もし戦争がなかったら、アンネも三十歳になるまで作家の才能を発揮しなかったかもしれないわね』。私も先生の言う通りだと思うわ。あの特殊な環境のせいで、アンネは急速に成長せざるをえなかった。だから作家としての才能も一気に花開いたんじゃないかしら。アンネの文章は本当に美しい。とても十代の少女が書いたとは思えないわ」

「それにアンネのオランダ語は完璧《かんぺき》だったね。まったく訛《なま》りがなかった。アンネの友だちのハンネリ・ホスラーという女の子は、ドイツ訛りが抜けきれなかったようだけど」。私はからかうように言う。

ハンナは笑う。「うちはベルリンの出身で、家ではドイツ語を話していたんだもの。フランク家とは違うのよ。アンネの家では、二人の娘がオランダ語を話していたから。母はオランダ語をかなり話したけれど、父はほとんどダメだった。母は語学の才能がある人で、実はギリシャ語とラテン語もできたのよ」

「私の母はブリュッセルのフランス語圏の出身なんだ」と私は言う。「第一次大戦のときに、戦火を逃れて中立国のオランダに移ってきた。そしてオランダで父と出会い、最初は気楽な友人だったけれど、やがて真剣な恋に落ちた。オランダに来てだいぶたってからも、母はまだベルギー訛りのオランダ語を話していたよ」

私はまた、アンネの映画好きについてもハンナに尋ねる。

「どうだったかしら」とハンナは言う。「アンネが映画好きかどうかはわからないけれど、映画スターはたしかに好きだったわね。私はほとんど興味がなかったから、映画スターの写真を集めたりはしなかったけれど、アンネはあの『隠れ家』で、壁一面に映画スターの写真を貼っていたのよね。

「私があのころいちばん影響を受けた映画は『我が家の楽園』だった。お金持ちの家族がお金をお墓まで持っていけないという話よ。たまに母に映画館に連れていっててもらうこともあったわね。アムステルダムのシネアックで、子供向けの映画を定期的に上映していたの。アンネが映画館に通っていたかどうかは知らないし、どれくらい頻《ひん》繁《ぱん》に行っていたかも知らないけれど、私たちは二人ともシャーリー・テンプルの映画が大好きだった」

私は大のゲーム好きだが、それは職業上の理由もあるかもしれない。あのころの私たちについてもっとよく知るために、私はハンナとアンネが好きだったゲームについても尋ねてみる——おそらく何かのゲームはしただろうと考えて。

「もちろんしたわよ！」と、ハンナは興奮して答える。「モノポリーとパーチージね。特にモノポリーには二人とも夢中だった。いつもあのゲームで遊んでいたのよ」

過去についての会話を続ける前に、私がハンナのために持ってきたゲームを二人でする。それから外に出て、街の中を散歩する。風車小屋の近くで、中学生の遠足の一団と遭遇《そうぐう》する。男の子も女の子も元気いっぱいだ。自分ひとりでは抱えきれないほどのエネルギーにあふれ、叫んだり、飛び跳ねたり、走りまわったりしている。私たちはただ、子供たちの元気に踏みつぶされないようにするだけで精一杯だ。

なんてすばらしいことだろう。

# 第2部

## 地下に潜る

十四歳のとき

「地下に潜る」――オランダ語では「onderduiken」というこの言葉は、最初は私たちにとってなじみがなかった。そのころから、「キャンプ」に行かなくてもすむように「隠れる」という話題が、よくのぼるようになる。ほとんどのオランダ人と同じように、私たちもまた、「キャンプ」が実はユダヤ人を殺戮《さつりく》する施設だとはまったく知らなかった。ドイツ人たちはいつも「労働キャンプ」と呼んでいたからだ。

時がたつにつれ、オランダのユダヤ人にはありとあらゆる制約が課されていった。経済的にも困窮《こんきゅう》し、そのせいでみずからすすんで「労働キャンプ」に行くことを選んだユダヤ人も多い。労働キャンプに行けば、飢えることもなく、病気にもならないだろうと考えたからだ。少なくとも食事ぐらいはできるだろう、と。

オランダのユダヤ人の実に八〇パーセントが戦争で命を落としたのも、この恐ろしい誤解が大きな原因になっている。社会の秩序を守る役割を担っていたドイツの秘密警察（緑の制服を着ていたために「緑の警察」と呼ばれていた）は、労働キャンプに送る年齢に達しているアムステルダム在住ユダヤ人の、ほぼ全員の住所を把握していた。自分たちもそろそろ逮捕されそうだと知った両親は、しばらくの間、私を隣家の男性に預けようとした。その男性もユダヤ人で、私の両親から話を聞いて、事態の深刻さを知ることになる。姉はそのとき、すでにベルギーに送られていた。

私は夜の七時から隣家に滞在することになった。最初のうちは特に変わったことはなかったが、ついに緑の警察の足音が聞こえてきた。冷酷非情だともっぱらの評判だった彼らが、隣の両親の家に入っていく。私は心臓が喉《のど》から飛びだしそうになり、一目散にベッドの下に隠れた。

隣の家にいても、私たちを探して歩きまわるドイツ人の靴音が聞こえてきた。そのとき、父と母がどこにいるのかは、まったく知らなかった。私はただ、二人ともどこか安全な場所に逃げのびていてくれればと願うことしかできなかった。ドイツ人が家を去ってだいぶたってから、私はやっとベッドの下から出ていった。きっとシーツのように真っ白な顔をしていただろう。

それからかなり長い間、不安でいっぱいになりながらも、何もできずにリビングで座っていた。そのとき私は、隣人の友人に紹介される。その人物については、ただチョコレートやキャンディのメーカーのラドマケルズ・ハーフスへ・ホピエスに勤めているということしか覚えていない。お菓子の会社に勤めているというのは、子供にとっては大興奮できるニュースだった。

隣人は私の肩をつかむと、その友人に「この子をしばらく預かってもらえないか」と尋ねた。その隣人は、同じユダヤ人をかくまうことにそれほど熱心ではなかったのかもしれないし、または自宅のすぐ隣という場所は、隠れ場所として最適ではないと考えたのかもしれない。彼の真意はわからないが、ともかく私が彼の家にいたのはほんの三時間ほどだったということになる——あれは、人生でもっとも緊張した三時間だった。

話がつくと、私はそのチョコレート屋さんと一緒に隣家を出て、アイセルストラートにある彼の家に向かった。正確な住所は覚えていないが、私は一時的にその家に預けられることになる。彼の家に隠れていた一ヶ月の間、両親と姉には一度も会えなかった。そしてある日、チョコレート屋さんの家に訪問者がやってきた。その人物に紹介され、自分はモーリス・コステルだと名乗ると、心底びっくりするような言葉が返ってきた。その人物はそっけない口調でこう言ったのだ。「ではモーリス、これから私のことはヤンおじさんと呼びなさい」

私はヤンおじさんに連れられて、列車でアペルドールンへ行き、そこからバスに乗り換えてファッセンに向かった。ファッセンに着くと、すぐにファン・デーレン牧師のところに連れていかれた。牧師は優しい人で、私はすぐに落ち着くことができた。

オランダ改革派教会の牧師で、一二人の子供を持つ彼は、自分の責務をまじめに果たす人物だった。

食事がすむと、牧師は長男のクリスを呼び、私をまた違う場所に連れていくように言った。クリスと私は徒歩で出発し、デーフェンターの街を東に向かった。目的地は「デ・ヴルフテ」と呼ばれる農場だ(農場の建物は一七七一年に建てられ、現在でもまだ残っている。建物の正面には、建てられた日付が鉄製の数字になってはめ込まれている)。

そこはズヴェールス一家が暮らす家だった。彼らはすでに、私のことを聞かされていた。


それから私は、人生でもっとも数奇な体験をする時期を過ごすことになる。そのころの私は、将来に対する不安を必死で押し殺していた。戦争も、裏切りの恐怖も関係ない、普通の思春期を失ってしまったことへの悲しみも、あえて考えないようにしていた。とはいえ、この新しい環境では、それもさほど難しいことではなかった。都会っ子だった私にとって、農場での生活は新鮮な刺激に満ちていたからだ。牛や羊、ブタが身近にいて、美しい果樹園が広がっている。アムステルダム出身の少年の目には、そのすべてが魅力的に映ったものだ。

やがて、私について人々が噂をするようになったために、農場を去らなければならなくなった。ユダヤ人の少年が隠れていることを、地元の人たちが嗅ぎつけてしまったようだ。そこに嫉妬の感情があったことも否定しきれないだろう。ズヴェールス一家は、私を引き取る見返りにいくばくかの報酬を受け取っていたからだ。それが理由だったのか、それともばれてはいけない人たちに私のことがばれてしまったからなのか、それを知るよしはないが、ともかく私の身に危険が迫っていることはたしかだった。幸いなことに、私はすぐに農場を出て難を逃れることができた。

戦争で国全体が貧しくなっていたために、お金目当てにユダヤ人をドイツ軍に引き渡す人も珍しくなかった。一九四三年になると、強制収容所に送られるユダヤ人の数が減少しはじめる。ドイツはそれを受けて、お金を使ってユダヤ人を集めることにした。最初は三〇人、やがて五〇人の人が、ユダヤ人を狩る仕事で雇われたのである。いったいどんな人々が、そんな仕事を引き受けたのだろうか。

実際のところ、彼らはみな普通のオランダ人だ。ただいつも失業していて、社会からも見捨てられていたために、欲に駆られて同じオランダ人でもあるユダヤ人をドイツに差しだしてしまった。獲物を求めて国のあちこちに出かけ、そしらぬ顔でユダヤ人たちを狩っていく。まるで、ただ市民の務めを果たしているだけだとでも言うように。

男も、女も、二歳か三歳の幼い子供も、彼らの手によってドイツ軍に引き渡されていった。戦争中に彼らがつかまえたユダヤ人の数は、八千人から九千人にもなる。そのほとんどは、アムステルダムのオランダ劇場やヴェステルボルク収容所にいったん集められ、そこから各地の強制収容所に送られていった。ときにはつかまるのではなく、その場で殺されるユダヤ人もいた。

人の命には、どれくらいの値段がつけられるのだろうか。一人のユダヤ人をつかまえると、いくらのお金がもらえるのだろう。最初のうちは、一人につき七ギルダー五〇セントだった。現在の価値に換算すると、だいたい三〇ユーロ強になる。

ユダヤ人を狩る人々の噂が伝わってきたために、私は一刻も早く場所を移らなければならなくなった。しかし、デ・ヴルフテの農場を離れたことで、生活が悪くなったわけではない。むしろその正反対だった。

次に私は、ファン・ベーク夫妻に預けられた。そしてこの夫妻の家で終戦を迎えることになる。私にとっての解放の日は、一九四五年四月一七日だった。ファン・ベーク夫妻には子供がなく、言ってみれば「既製品」の子供である私を預かれて嬉しいようだった。それに当時十四歳の私は、きちんとしつけられた聞きわけのいい子供だった。

夫のバレント・ファン・ベークは、地元のキリスト教小学校の校長先生をしていた。私は彼にとって息子のような存在になり、彼は私にとって父親のような存在になった。冬にはよく二人でスケートに出かけたりもした。週に一度はファン・デーレン牧師の家を訪ね、息子のクリスとチェスをして遊んだ。クリスとは年もだいたい同じで、農家の息子ではないという共通点もあった。

私はクリスと同じ学校に通った。つまり、潜伏生活を送っていた他の子供たちとは違い、私は学校に通えていたということだ。こうやって比較的自由な生活を送ることができたのも、すべて数年前に起こったある出来事が原因だった。

オランダがドイツに占領された直後、私の父親は、私の祖父母に関する書類にきちんと記入しなかった。ドイツがそんな書類を要求したのは、間違いなくユダヤ人を探していたからだ。しかし占領当初のオランダでは、多くのユダヤ人がまだ事態を呑みこんでいなかった。いや、むしろ知りたくなかったと言ったほうがいいだろう。

ヒトラーが政権の座についたのは一九三三年のことだ。一九三八年の一一月には、あの悪名高い「クリスタルナハト（水晶の夜事件）」が起こっている。一一月九日の夜から一〇日の未明にかけてドイツ各地で反ユダヤの暴動が勃発し、ユダヤ人の住居や商店、シナゴーグが次々と破壊された。そのとき、割れた窓ガラスの破片が、月明かりを受けてきらきらと輝いていたことから、水晶の夜事件と呼ばれるようになった。

ドイツからユダヤ人を一掃する計画も、一九三九年から正式に実施されている。しかし、このような恐ろしい出来事がすでに起こっていたにもかかわらず、多くのユダヤ人が正直に書類に記入し、提出していたのである。

父が不完全な書類を提出したのは、一種の抵抗だったのだろうか。ただ単に忘れただけなのか、それとも面倒で先延ばしにしていただけなのか。原因は怠け心なのか、それとも恐怖だったのか。残念ながら、私が真相を知ることはないだろう。

理由はともかく、父が提出した不完全な書類を目にした役所の職員は、なぜか勝手にその空欄を埋めてしまった。その結果、私の祖父母は、二人がユダヤ人で、もう二人が非ユダヤ人ということになった。しかし実際は、四人ともユダヤ人だ。役所の職員が書類を勝手に埋めるという謎の出来事によって、私の身分証明書には、ユダヤ人を表す「J」の文字が押されなかった。名前も知らないお役人が、私の人生を大きく変えたということだ。その人物を命の恩人と呼んでもいいだろう。

両親はファン・ベーク夫妻にお金を払って私を預かってもらっていた。金額は一ヶ月につき六五ギルダー（現在の価値では約三九〇ドル）だ。その金額が、はたして妥当なのかどうかはわからない。しかし私が思うに、夫妻はきっと、お金をもらわなくても同じことをしていただろう。誰の子供であっても喜んで預かり、自分の子供のように受け入れていたに違いない。

ファッセンに来て間もないころは、母が月に一度ファン・デーレン牧師の一家を訪ねてきていた。そのおかげで私は母の無事を知り、私を愛していること、この大変な状況の中でもそれほど苦労せずにすんでいることを知ることができた。母は見た目がユダヤ人らしくなかったので、わりと自由に動くことができたようだ。母が偽の身分証明書を持っていることを知ったのは、それからずいぶん後になってからのことだった。その身分証には、母の本名とどこか似たような名前まで書かれていた。

私が新しい名前を決めたのは、テオという主人公が登場する本を読んだ後のことだった。それでもファン・ベークという名字はめったに使わず、ふだんは本名のコステルで通していた。

学校では、私の本当の姿を知っているのは、校長先生であるバレントだけだった。正体がばれていたら、きっと大変なことになっていただろう。なんと同じクラスに、オランダ・ナチ党(NSB)の地元リーダーの息子がいたからだ。

学校へは自転車で通っていた。通学路の途中に検問所があり、ときどき身分証を見せるように言われることもあった。しかし、私の身分証にはユダヤ人を表す「J」のスタンプが押されていないので、いつも問題なく通過することができた。それに何か尋ねられたら、ただファン・ベークさんの甥だと答えればよかった。

バレント・ファン・ベークはとてもいい人だったが、交際範囲は同業者に限られていたようだった。ときおり自宅を訪問するつきあいがあったのは、たとえばカトリック小学校で校長を務めるミスター・アッケルマンや、中学校の校長のミスター・ドウマだ。私もバレントに連れられて彼らの家を訪ね、その家の子供たちと一緒に遊んでいた。子供は男の子が二人（パウルとボー）、そして女の子が一人（テッド）だ。三人とも年はだいたい私と同じくらいだった。ファン・ベーク家の姪《めい》がファッセンに来て、私たちと一緒に遊ぶこともあった。私がこんな状況にもかかわらず、どちらかと言えば普通の思春期を送ることができたのも、彼らの友情があったおかげだろう。友情はいつも何かを教えてくれる。

ボー、テッド、私の三人は、よく地元の農場へ泳ぎにいった。農場の持ち主が牧草地の一角に穴を掘り、屋外プールにしていたからだ。水を入れかえる細い溝も掘ってあったので、プールの水はいつでもきれいだった。

まだ子供だった私は、ユダヤ人であることの意味をよくわかっていなかった。しかし、ユダヤ教の習わしで受けた割礼《かつれい》の跡は、いつも必ず隠すようにしていた。あの年ごろの男の子は、よく誰がいちばん遠くまで小便を飛ばせるかというような競争をするものだが、そんな他愛のない遊びでも私にとっては大問題だった。潜伏生活の間は、誰にも自分の裸を見せることができなかった。男の子の前でもそうだったし、もちろん女の子の前で裸になんてなれるわけがない！　プールも問題になっておかしくなかったが、農家の主がきちんとした更衣室も作ってくれたおかげで、誰にも見られずに着替えることができた。

ある日、私は男の子たちが手作りの飛行機のおもちゃで遊んでいるのを目にした。そのとき目を皿のようにして観察し、飛行機の形を脳裏に刻みつけようとしたが、いざ家に帰って自分でも作ってみようとしたところで、どんな材料を使えばいいのかわからないことに気がついた。とりあえず機体の重さを支える箇所には重いオーク材を使い、機体の表面には木綿の布を貼った。本当は、オーク材ではなく軽いバルサ材を使い、表面には油紙かワニス紙を貼るべきなのだが、それを知らなかった私は、何時間もかけて塗ったり貼ったりして完成させた飛行機を、ほこらしげに他の男の子たちのところに持っていって披露《ひろう》した。彼らはみな私に気をつかい、とてもかっこよくできていると言ってくれたが、それではほとんど飛ばないだろうという言葉もつけ加えた。実際、彼らの言う通りだった。

一般的に、ドイツ人はオランダ人と関わろうとはしなかった。私自身も、ドイツ人と気楽に会話を交わすことはなかったし、行く手にドイツ兵の姿が見えたらわざわざ遠回りをして避けていた。当時、ファッセン郊外にあるカネンブルフ城に、ドイツ軍の野営所が設置されていた。軍によるパトロールが行われていたような記憶は特にないが、夜間外出禁止令が出ていたことはよく覚えている。

一九四四年の夏の終わり、オランダのアーネムという街で連合軍が敗北を喫したすぐ後に、母もファッセンにやってきてファン・ベーク家で暮らすようになった。それと同じころ、家の隣にあった学校が、ナチス武装親衛隊のオランダ人志願兵たちによって徴収された。つまり、私たちはナチスとお隣同士になってしまったということだ。しかもそれだけにとどまらず、隊員の何人かはファン・ベーク家に滞在することになった。

彼らの指揮官で、私たちの同居人になった少尉は、一見したところはごく普通の人物だった。今になって会ったとしても、きっと彼だとわからないだろう。見た目は普通の人だったが、性格は嫌な軍人そのもので、私たちのことを見下す気持ちを隠そうともしなかった。彼の目から見た私たちは、「世界に冠たるドイツ」という事実も理解できないような、救いようのない愚か者だった。

この少尉は、ヘンドリクスという名の志願兵をいつも連れていた。ヘンドリクスの担当は靴磨きだ。髪の色は金褐色で、典型的なオランダ人の風貌をしていた。そして上官とは違い、この戦争がドイツにとって負け戦《いくさ》であることを見抜いていた。ヘンドリクスには、どこか人を不安にさせるようなずる賢いところがあったが、それでも私は彼のことがけっこう好きだった。今から思えば、あのずる賢さは、彼なりに自分の身を守ろうとしていたのだろう。

アペルドールン運河での手榴弾を使った魚取りに連れていってくれた兵隊は、このヘンドリクスだった。彼を心から信頼していたわけではないのは言うまでもないことだが、そんな気持ちとは裏腹に、悪人めいた大人と一緒に遊べることにわくわくしていたのもまた事実だ。家の人たちも、ヘンドリクスと遊ぶことに関して特に何も言わなかった。それに、たとえ不満があったとしても、私たちに選択の余地はなかった。ヘンドリクスとは仲良くしておくに越したことはなく、それに彼はドイツの敗戦を確信していたので、私たちにとっては味方に近い存在だった。

その当時、知り合いのなかには家に電気が来ている人も、ラジオを持っている人もいなかった。ヘンドリクスは言った。「ラジオが手に入ったら、電気のほうは俺が何とかしてやるよ。BBCの放送が聴けるようになるぞ」。この会話があってから間もなく、オランダは解放の日を迎えることになる。

オランダにもレジスタンス活動はあった。後でわかったことだが、私は戦争中、レジスタンスの活動家の何人かと直接会っていた。たとえばファン・デーレン牧師は、間違いなく地元のレジスタンス組織のメンバーだった。武器を持って立ち上がることは一度もなく、爆弾をしかけたわけでも、待ち伏せ攻撃に参加したわけでもなかったが、ユダヤ人を地元の農家でかくまうという、とても危険な活動を指揮していた。当時の私たちにはっきりと知るよしもなかったが、それでも牧師が世話をしたユダヤ人は私たちだけではなかっただろう。

## 捕虜交換要員

ここエルサレムの、日の光がさんさんと差し込むハンナのアパートで、私は自分の戦争体験を話す。潜伏生活のこと、ファン・ベーク家の人々のこと、そして田舎暮らしのこと。

「正直なところ、そんなに苦労はしなかったよ。むしろ快適な暮らしだったと言ってもいいかもしれない」。そして、少し申し訳ない気持ちになりながら、私は尋ねる。「それで、きみの戦争体験はどうだったんだろう」

「快適ではなかったわね」。ハンナは笑いながら答える。

ハンナは潜伏生活をしたのだろうか。強制収容所に送られる危険のあったユダヤ人は、みな一度は潜伏生活を考えたか、またはたとえ短期間でも実際に隠れたはずだ。

「いいえ、一度もなかったわ」とハンナは答える。それじゃあ自分から逮捕されたようなものだねと私は言い、そして気まずくなって視線を床に落とす。オランダ語で言ったその言葉は、たしかに少しぶっきらぼうに聞こえる。しかし、ハンナも私もイスラエルに何十年も暮らし、この会話はヘブライ語、オランダ語、そしてときおりドイツ語をまじえながら行われているので、お互いの言葉の表現にはそんなにこだわっていない。

彼女は言う。「私には妹がいるの——まだ生きているわ、ありがたいことにね。十二歳下で、生まれは一九四〇年の一〇月。母は昔から大家族に憧れていたから、一九四二年にもまた妊娠したの」

妊娠中の女性は強制収容所に送られず、そのため自分も家族と一緒にそのまま自宅で暮らすことができた。ハンナはそう信じている。

「ドイツ人にもいいところはあるでしょう？　一九四二年の間は、そのおかげで助かったのよ。私たちは、ザイデル・アムステルラーンの自宅にとどまった。妊娠中の女性を連れて潜伏生活はできないものね。中にはそれでも潜伏する人もいたけれど。うちの場合は自宅にとどまることを選んでよかったわ。大変な難産で、母も赤ちゃんも死んでしまったから。あれは一〇月二七日だった。ユダヤ人の産科医に診てもらっていたんだけど、もう手の施しようがなくなってしまったの。赤ちゃんは男の子だった」

母親の妊娠の他にも、ハンナの一家にはもっと安心できる材料があった。一九四二年当時のオランダでは、家にとどまるには「Sperr」と呼ばれる資格が必要だった。身分証にこの「Sperr」のスタンプが押されていると、収容所送りを免れることができる——少なくとも当面の間は。「Sperr」のスタンプが押されるのは、ドイツ軍にとって役に立つユダヤ人だ。たとえば裁縫《さいほう》ができる女性は、ドイツ軍の軍服を縫うことができるので「Sperr」の資格が与えられたりする。しかし、「Sperr」のスタンプをもらったからといって、完全に安心できるというわけではなかった。あの時代は、たしかなことなど一つもなかった。

「父は裁縫なんてできなかったけれど、それでもうちはスタンプをもらうことができた。あのスタンプがなかったら、今ここに座っていることもなかったでしょうね」とハンナは言う。「わが家が『Sperr』のスタンプをもらうことができた理由は二つあるの。一つはパラグアイのパスポートを持っていたこと。そのいきさつはこうよ。うちはもともとドイツに住んでいたけれど、ユダヤ人迫害を逃れてオランダに避難してきたの。ドイツを出て、最初に向かったのはイギリスだった。でも、ユダヤ教の安息日に働けない父は、イギリスでは必要とされなかった。給料のいい就職口は見つかっていたんですけどね。

「だから、今度はオランダに向かったんだけど、オランダでは父がパスポートの延長をしてもらえなかった。でも父はベルリン時代、プロイセン政府で報道官と国務副大臣を務めていたの。だからオランダ政府は、パスポートの代わりに『国籍なし』という正式な書類を発行してくれた。それからありがたいことに、スイスに住むおじが、南米の領事館で私たちのためにパスポートを買うことができた。パラグアイのパスポートは、そうやって手に入ったのよ。わが家がパラグアイとは何の関係もないことはドイツ人もよくわかっていたけれど、彼らもユダヤ人を少しは残しておきたかったんでしょうね。四〇〇〇人ぐらい残しておいて、後でイギリスとの捕虜交換に利用しようと考えていたのよ。

「『Sperr』のスタンプがもらえたもう一つの理由も、だいたい同じような感じだった。そのころスイスでは、ドイツとイギリスの間で話し合いが行われていた。その話し合いで、いわゆる『パレスチナ証明書』が発行されることが決まったの。このパレスチナ証明書は、両親、子供、きょうだいがパレスチナに住んでいるけれど、戦争のためにオランダを出ることができない人だけを対象に発行される。この証明書があれば、オランダを出て、正式にパレスチナに移住できることになっていたの。

「そこでドイツは、ユダヤ人にパレスチナ証明書を発行する代わりに、パレスチナにいるドイツ人を同じ数だけ帰国させていた。うちにはパレスチナに暮らす家族も親戚もいなかったけれど、父が証明書に応募したの。父はドイツ政府でもっとも高い地位に就く二人のユダヤ人の一人だっただけでなく――もちろんヒトラーが政権を取るまでの話だけど――、ユダヤ人コミュニティのリーダーでもあった。よくドイツの各地に出かけては、パレスチナについての講演をしていたの。それに加えて、父は新聞界、ドイツ人の新聞とユダヤ人の新聞の両方で大きな力を持っていたので、パレスチナについて好きなだけ書くこともできたのよ」

「お父さんはパレスチナに行ったことはあるの？」と私は尋ねる。

「いいえ、一度も。祖父は訪ねたことがあるけれど。祖父も父と同じように、講演などをよく引き受けていたわ。高名な刑事裁判の弁護士だったのよ」

さまざまな書類、スタンプ、それに入念な計画。それらに効果があったのは、一九四三年の六月二〇日までだった。その日の明け方、アムステルダム・ザウトで大規模なユダヤ人の一斉検挙が行われたからだ。ハンナと父親と妹は、ヴェステルボルクの収容所に送られた。父親は収容所で亡くなった。

ハンナには尋ねたいことがまだまだたくさんある。でも、もう時間だ。私は帰らなければならない。ベルゲン・ベルゼンの収容所で、アンネと会話を交わしたクラスメートはハンナだけだ。私はただ、後でまたそのときの話が聞ければと願うばかりだ。

太陽がぎらぎらと照りつけるイスラエル特有の暑さのなかで、私たちは別れを告げる。

エヤルと私は、帰りの車でほとんど口を開かない。私の頭は、ユダヤ人中学校の思い出と、アムステルダムで過ごした青春時代の思い出でいっぱいになっている。やがて私は、大変なことを始めてしまったことに気づく。このプロジェクトで、私は世界史上でも類を見ない暗黒の時代を再訪するだけでなく、何十年かぶりに話をする人を相手に、同じことをするように頼まなければならないのである。

## ナネッテの時計

ハンナと話してから数週間後、私はテルアビブからオランダに飛ぶことになる。アムステルダムに家を持っていたわけではなく、姉の家や、バイテンフェルデルトに暮らす知り合いの家にやっかいになって迷惑をかけるつもりもなかったので、アムステル・ホテルに滞在することに決める。

オラと私は、ユダヤ人中学校のクラスメートを一堂に集め、グループで話をしてもらおうと考えていた。そしてそのまま、みんなでゆかりの地を訪ねることにする。アンネ・フランクだけでなく、私たち全員にとって関係のある場所だ。監督のエヤルも、映画には特別な場所が欠かせないと考えている。アンネが隠れていた「隠れ家」はもちろん、私はあのユダヤ人中学校も訪ねたいと思う。ヴェステルボルクを訪ねてもいいだろう。興味のある人は、誰でも一緒に来てもらってかまわない。いずれにせよ、忘れがたい再会の詰まった一週間になるはずだ。

私は豪華なアムステル・ホテルでの滞在を楽しんでいるが、ナネッテ・ブリッツ・コニフはヒルトンを選んだ。彼女がアムステルダムでいちばんお気に入りのホテルだ。ナネッテにこのプロジェクトについて話したとき、驚いたことに自分もオランダに来ると言ってきた。ここに来ることは、彼女にとってとても大きな意味を持つという。そうやってナネッテはブラジルのサンパウロを飛び立ち、アムステルダムで私たちに合流した。

ナネッテとは、アムステルダム・ザウトの小さな道で会う約束をしていた。彼女が子供のころ、このあたりは高級住宅地だった。今でもそれは変わらない。

ナネッテとの再会は忘れがたい体験だ。ビデオ電話で頻繁に話していたので今の姿はよく知っているが、それでも彼女のあふれんばかりの活力を目の当たりにして、私は大いに驚かされる。それに彼女は、年よりもずっと若く見える。引き締まった体で、髪は銀髪、仕立てのいい服を見事に着こなしている（後で聞いた話では、彼女はすべての服を自分でデザインし、オーダーメイドしているそうだ）。

私たちはある家の裏に立っている。戦争が始まったとき、ナネッテの一家が住んでいた家だ。ナネッテには兄弟が二人いた。また、家には看護師も一緒に住んでいた。一九三二年に生まれた末の弟が、心臓の病を抱えていたからだ。一九三六年にその弟が亡くなると、看護師も家を出て行った。弟は家族から「青い赤ちゃん」と呼ばれていた。心臓の弁がきちんと閉じない病気で、酸素を十分に取り入れることができず、いつも青い顔をしていたからだ。ナネッテの母親は、出産後すぐに、この男の子が長く生きられないことを知らされた。それでも彼女は、息子が快適な人生を送れるように全力を尽くした。この子は一九三六年の一一月に亡くなった。まだたったの四歳だった。

ナネッテには二歳上の兄もいた。「兄は強制収容所に送られたの。なんとかして兄を見つけようと手を尽くしたけれど、でもとうとう見つからなかった。兄がどうやって亡くなったのかは知らないわ。銃殺されたのかもしれないし、ガス室に送られたのかもしれないし、それ以外の方法で殺されたのかもしれない」

私は彼女の子供時代について尋ねる。アムステルダムの高級住宅地で過ごす子供時代とは、いったいどういうものなのだろうか。

彼女は言う。たしかに子供心にある種の優越感を覚えていた。ブリッツ一家は、スイスやイギリスに頻繁に旅行をしていた。当時としてはとても珍しいことだ。

「ここで過ごした子供時代は、とても幸せだったと思うわ。でも、弟が亡くなった一九三六年だけは別ね。あの年、母はとても気丈にふるまっていたけれど、悲しみに打ちひしがれていた。わが家にはイギリス製のアンティーク時計があったんだけど、ある日母が、私を時計の前に連れてきてこう言ったの。『この時計は前にしか進まないのよ。絶対に後ろには進まない』。すぐ上の階の部屋で幼い息子を亡くしたばかりの女性が、娘に向かってそう言ったのよ。とても勇敢だったと思うわ。母の言葉がどこまで本心を語っていたかはわからないけれど、そう言ったことは事実だもの。あの言葉には、後になってからもとても勇気づけられたわ」

その時計は戦争を生き残り、今でもナネッテのもとにある。

「弟が亡くなったとき、私は七歳だった。私と兄は学校にいたけれど、迎えが来たから帰宅したの。母が取り乱したところは一度も見たことがないわ。あの弟が亡くなった日も、母は冷静だった。そしてしっかりした口調で兄にこう言った。『二階に行って弟に会いたいのなら、そうなさい』。兄が上に行ったかどうかは忘れてしまったわ。

「病気のせいで、弟とはそんなに遊んだ記憶がないの。だから、遊び相手がいなくなって寂しいという思いはなかったわ。たぶんまだ幼すぎて、人の死というものがよくわかっていなかったのでしょうね。とても重大なことが起こったとは思っていなかった。ユダヤ人の家庭で、家族の誰かが亡くなったばかりの様子を想像してみてちょうだい。部屋に飾られた写真はみんな伏せられ、すべての鏡には覆《おお》いがかけられる。あれはとても印象深い光景だったわ。それに、悲しみに沈む母を見るのは本当につらかった。

結局、母も私も体の具合がとても悪くなってしまったの。

「あの当時、女性はお葬式に参列しなかった。だから私も、弟のお葬式には行かなかったわ。母は何があっても、『それでも人生は続く』と考える人だった。そして、わが家の生活はその通りになった。半年間喪《も》に服すと、父は言ったの。『もう十分に悲しんだし、死者への敬意も十分に示した。わが家にはまだ子供が二人いるんだ。もう喪服を脱いで、新しい人生を始めよう』

「そして、母はその通りにした。むしろ前よりも積極的になって、自転車にも乗れるようになったのよ。以前はあんなに怖がっていたのにね。それに弟の病気もあったから、以前は自転車に乗るような時間もなかったのね。

「父はいつも二階の書斎にこもっていた。私たちきょうだいは、家にある本は何でも読んでいいことになっていた。本を読んでいて何かわからないことがあると、私も兄も、本を持ったまま真っ先に父に尋ねたわ。

「うちはとても自由な教育方針だった――わが家にタブーは存在しなかったわね。とても刺激的な環境だったわ」

「アンネがきみの家を訪ねたことはあるのかな」と、私は尋ねる。

「それは覚えてないわ」とナネッテは言う。「ユダヤ人中学校に移ってすぐのころは、まだ自転車も没収されていなかったし、トラム（路面電車）に乗ることもできたけれど、それもすぐに変わってしまった。一九四二年の六月から、ユダヤ人はあらゆる移動手段を奪われてしまったものね。一斉検挙のせいで集団登下校をしていたけれど、アンネとは同じグループじゃなかったわ。アンネの家はメルヴェデプレインで、うちはアムステルダムの南にある旧市街だったから。でも、六月のアンネの誕生会には行ったわよ。あれはアンネが潜伏生活に入るすぐ前のことだったわね。それから、教室での席はとても近かったわ。

「私たちはまったく違うタイプだった。アンネはとても活発な子だった。いつも人の輪の中心にいたがっていたわね。注目を集めるのが大好きだった。私自身は、アンネにそれほど注目していなかったわ。私たちは背格好も違っていた。私はがっしりした体格で、アンネは私よりも小柄だった。正直なところ、アンネのことはどこにでもいる普通の女の子だと思っていたわ。こんなに有名になるなんて、想像もしていなかった」

私もその誕生会にいたことを、ナネッテは覚えているだろうか。私はとても興味をそそられるが、その前に私について覚えていることを尋ねてみる。

「あなたのことはそれほど覚えていないわ。同じクラスだったのは覚えているけれど、みんな小さな仲良しグループを作っていたものね。それに、あのころは男の子にまったく興味がなかったの。でも見た目はなんとなく覚えているわ。たしか巻き毛だったわよね。

「アルベルトのことのほうが、よく覚えているかもしれないわ。それからジャクリーヌ・ファン・マールセン。ジャクリーヌはアンネととても仲が良かったわね。もしかしたら、いちばんの親友だったかもしれない。私もジャクリーヌとは仲良しだったのよ。でもアンネはやきもち焼きなところがあるから、私とジャクリーヌが仲良しなことは内緒だったの」。ナネッテはそう言うと、顔をほころばせる。

「アンネにばれていたかどうかはわからないわ。アンネが潜伏生活に入ったとき、ジャクリーヌは、私たちのことはずっとアンネには秘密にしていたと言っていた。そしてその一年後、一九四三年の九月に私も捕まると、ジャクリーヌは二人の友だちを失ってしまったの」

## 逮捕

私たちはファン・バーレストラートまで歩き、ナネッテが育った家の前に立つ。ナネッテはこの家で一三年暮らした。家の正面は、建築用の足場に隠れて見えなくなっている。

車通りは激しく、かなりの騒音だが、住んでいてうるさくなかったかと私が尋ねると、ナネッテは声を出して笑う。

「子供のころは、どんな音がしても平気で寝ているものよ。兄は乗り物が大好きで、特にトラムに夢中だった。それで、トラムが到着する時間の記録をつけるようになったの。家の近くの停留所だけじゃなくて、他の停留所でも記録を取っていたわ」

私たちの背後には、ライクス美術館とアムステルダム市立近代美術館がある。ナネッテの母親は、この二つの美術館の展示に目を配り、よく子供たちを連れていったそうだ。本当に恵まれた子供時代だったと、彼女は当時をふり返る。

どちらの美術館も、一階には銀行が入っていた。「アムステルダム銀行よ」とナネッテは言う。「戦争が始まったばかりのころは、この一階を防空壕として使っていたの。私の記憶が正しければ、危険が迫ったときは金庫の中に隠れていたわね」

アムステルダムは戦火を免れることができたが、ロッテルダムは、一九四〇年五月一四日の爆撃で、市の中心部があらかた破壊されてしまった。午後一時半から四五分までの間に、ドイツの戦闘機が、九万七〇〇〇キロもの対人用爆弾の雨を降らせた。翌日にはユトレヒトも爆撃すると警告を受けたオランダは、ついに降伏することになる。

「父はアムステルダム銀行の管理職だった。へーレングラハトの本社に勤めていたの。

戦争が始まると、ユダヤ人の従業員が解雇されることになったけれど、父は高い役職に就いていたので、最初のうちは心配なかった。でも間もなくして、『銀行のために』という理由で辞職を迫られたの。父にはとてもつらい経験だったわ。一九一四年からずっと働いていた場所ですものね。だから仕事を辞めると、一気に老けこんでしまった。髪なんか真っ白になってしまったのよ。気力をすっかりなくして、まるで骨と皮みたいになるまで痩《や》せてしまった。

「仕事を奪われたことは、父にとって大きな打撃だったのね。自分が悪い、自分の責任だと思っていたわ。父は外国にも知り合いがたくさんいたけれど、オランダを出ようとは思わなかったみたい。ここまで事態が深刻になるとは、予想していなかったからよ。でも、それで父を責めるつもりはまったくないわ。あのとき父がどんな状況にあったか、私は知らないのだから」。ナネッテの話では、父親は当時、妻子だけでなく、自分の両親と義理の母親の面倒も見ていた。

「父はいつも言っていたわ。たとえ戦争前でも、反ユダヤの感情はくすぶっていたって。父は一度、『私はたしかにユダヤ人だが、それでも銀行の管理職だ』と私に言ったことがあるの。でも、そうは言っても、銀行は間違いなくユダヤ人のお金も預かっていたわよね」

ナネッテ自身は、戦争まで反ユダヤ主義を直に経験したことはなかった。「少なくとも、覚えているかぎりでは一度もないわね。でも、当然だけど、反ユダヤ主義が存在することは知っていた。ヨーロッパは失業問題でずっと苦しんでいたから、戦争が始まったとたんに、ユダヤ人に怒りの目が向けられたのよ。ユダヤ人が力を持ちすぎているという声が、日増しに大きくなっていった。ユダヤ人は異教徒として迫害されていたから、反ユダヤ主義は否定しようもない事実になってしまったのね。

「前にも言ったように、父は戦争が始まるまで、家族を外国に逃亡させようとはしなかった。オランダのユダヤ人の多くと同じように、もしかしたら父も少し世間知らずだったのかもしれないわね。第一次大戦のときと同じように、オランダは中立を守ると信じていた。ドイツ政府が反ユダヤの法律を定めたというニュースは、オランダにも届いていたのだけれど。でもオランダのユダヤ人たちは、ここではそんなことは絶対に起こらないと思い込んでいた。そして、自分たちの間違いに気づくころには、もう遅すぎた。あなたも知っているように、オランダのユダヤ人の大部分は、あの戦争を生き残ることができなかった」

話をしながら、私たちはかなり長い間、ナネッテの家を歩道から眺めていた。その家は一見したところ、同じ界隈《かいわい》にある他の家とさほど変わらない。私はナネッテに尋ねる。子供時代の家を眺めながら、何か特別な感情がわきあがったり、昔のことを思い出したりしたのだろうか。

ナネッテは深く息をする。「そうね、何て言ったらいいかしら。うちはお客さんの多い家だった。外国からのお客さんもいたわ。私はこの家で本当にたくさんのことを学んだし、本もたくさん読んだ。いい思い出も、悪い思い出もたくさんある。

「最悪の思い出の一つは、ドイツ軍がやって来た日のことでしょうね。ドアをどんどんと叩く音がして、叫び声も聞こえた。私たちはすぐに連行されてしまった。背後でドアがバタンと閉まる音は、今でも鮮明に覚えているわ。ああなることはうすうす予想はしていたけれど、実際に起こるとやっぱり大きな衝撃だった。今までの人生をすべて奪われ、残されたものは先の見えない未来だけ。私たちは駅に連れていかれ、それからヴェステルボルクに向かう列車に乗せられたのよ」

ナネッテはあたりを見まわし、そして駅まではトラムで行ったことを思い出す。トラックに乗せられたわけではなかった。当時の一斉検挙では、トラックで連行されるのが普通だった。

「私たちは朝早くに連行されたの。そのとき私は十四歳で、まだ寝ている時間だった。ドイツ兵たちはライフルの銃床《じゅうしょう》でドアを叩きながら、『早く外に出ろ！』とドイツ語で叫んでいた。私たちはすぐに事態を呑みこんだわ。オランダ人ではなく、ドイツ人の警察だったから。オランダの警察も、こういった一斉検挙によく関わっていたけれどね。彼らは私たち全員の氏名が書かれたリストを持っていた。そして反論を許さない口調で、一緒に来るように命令したの。

「私はリュックに何枚かの洋服とセーター、ブーツを一足、それにコートを一着入れて持っていった。ありがたいことに、私たち家族は、父のおかげであのパレスチナ証明書を持っていたので、焼き印を押されることも、髪の毛を剃《そ》られることもなかったし、洋服を奪われることもなかった」

私はナネッテに、連行されるときに暴力をふるわれたのか尋ねる。

「いいえ」とナネッテは答える。「連行されるときも、その後も、暴力をふるわれたことはなかったわ」

私たちはもう一度、ナネッテの家のドアに目をやる。彼女の一家は、そのドアを通って収容所に連れていかれた。そのとき、ナネッテの兄はどんな様子だったのだろうか。

「兄は十六歳だった。連行されるときは何も言わなかったわ。きっと恐怖で口がきけなかったんでしょうね。あのライフルを持ったドイツ人たちの他に、あたりには誰もいなかった。私たちはみな押し黙っていた。後になってわかったのだけど、他の家族はすでに連行されていて、私たちは最後の家族の一つだったみたい。一九四三年の九月には、ドイツ人によると、オランダは〝ユダヤ人のいない国〟になっていた」

一般のオランダ人は、同胞のユダヤ人を助けるために、もっと何かできたのではないだろうか。ナネッテはそのことに思いをめぐらせる。レジスタンス活動に参加したオランダ人は他国に比べて少なく、たしかにドイツへの抵抗があったこと自体は賞賛に値するが、はたしてその活動に効果はあったのだろうか。ヴェステルボルクに向けて出発した列車は、いつも必ず空っぽになって帰ってきた。ナネッテはそのことを思い出すと、今でも胸が痛む。「それに、ヴェステルボルクからソビボルに向かった列車も、必ず空っぽになって帰ってきたわ」

ナネッテは考える。今から思えば、ただ黙っていて何もしないオランダ人が、あまりにも多かったのではないだろうか。

「では、現代ではどうだろう」。自転車に乗った人々が横を通りすぎるなか、私は尋ねる。「今の世代の人たちは、昔の人たちとはまったく違うのだろうか」

「いいえ、そんなことはないと思うわ。現代のアムステルダム市民も、戦争当時のアムステルダム市民と同じでしょうね。私たちと一緒の列車に乗せられるのが怖くて、きっと何もできないと思うわ。たしかにオランダの人たちも、一九四一年の二月には、ユダヤ人の活動を制限する法律に反対してデモを起こした。それは紛れもない事実よ。当然ながら、デモは当局から徹底的につぶされてしまったけれど。ユダヤ人はそれを見てとても動揺した――あの瞬間から、みんな不安でたまらなくなったのよ」

家族や友人を含めた私の周りのユダヤ人も、あの二月のデモには大きな衝撃を受けた。私はそのときのことをナネッテに話す。郵便局で働く人、鉄道やトラムで働く人、港で働く人など、ごく普通のオランダ人が立ち上がり、私たちユダヤ人のためにストライキを敢行《かんこう》した。そんなことが起こるなんて夢にも思っていなかった。デモの様子を見ていると、感動で胸がいっぱいになった。

子供時代を過ごしたファン・バーレストラートの家の前に立ち、ナネッテは怒りを感じているのだろうか。私がそう尋ねると、ナネッテは顔をこわばらせ、真剣な目で私を見る。「私は楽しいことや、美しいことだけを覚えておこうと努力しているの。怒りは何も解決しないわ。問題を解決するには、物事と正面から向き合って、どこで間違えたのかをきちんと考えるしか方法はないの。正しい判断ができるように、いつも気をつけていなければならないわ」

このドキュメンタリーは、趣味の作品を超える存在ではない。たしかに時間はかかるかもしれないが、老人の罪のない楽しみだ。それでも、ナネッテの言うことは正しい。私たちは注意を怠ってはならない。潜伏生活と強制連行が当たり前だったあの時代を二度とくり返したくないのなら、歴史の記憶を伝えていかなければならないだろう。この映画は趣味の領域を超え、もはや私にとって使命となっていた。

## メルヴェデプレインの再会

　三日後、その瞬間が訪れた。連絡のついたクラスメートのすべてが、ついに一堂に集まることになる。再会の場所はメルヴェデプレインだ。私はアムステル・ホテルからタクシーに乗り、すべての通りに川の名前がつけられている街の一角に向かう。今日は天気にも恵まれる。暖かく、気持ちよく晴れわたり、明るい太陽の光が降り注いでいる。戸外に出て、芝生の上に腰を下ろして話をするのもいいだろう。

　ここでの主役は、参加してくれたクラスメート全員だ。私だけでなく、すべてのクラスメートの物語に耳を傾けることになる。集まってくれた人たちに会えるのは、とても光栄なことだ。ナネッテ・ブリッツ・コニフ、ジャクリーヌ・サンダース・ファン・マールセン、レニー・ダイゼント、アルベルト・ゴメス・デ・メスキータ。

　ジャクリーヌとレニーはアムステルダム在住だが、ナネッテは遠いブラジルからはるばるやって来てくれたし、アルベルトはオランダ北部のアイントホーフェンだ。残念ながら、イスラエルに住むハンナは、今回は参加できなかった。

　ナネッテのおかげで、元クラスメートたちの情報は事前にある程度手に入っていた。ジャクリーヌは装丁家として成功し、それから作家になった。レニーは戦争中、森の中で潜伏生活を送った。アルベルトはアイントホーフェンでエンジニアになった。彼らについて、もっとたくさんのことを知りたくてたまらない。あの学校のことはどう思っていたのか。戦争中は潜伏生活を送ったのか、もしそうならどこに隠れていたのか。そして、彼らにとって、アンネとはどんな少女だったのか。だから私は、今日の集まりだけでなく、この後でそれぞれと一対一で話ができることを、とても嬉しく思う。

ジャクリーヌは作家として、あの戦争体験を本に書いている。家族のこと、そしてアンネとの友情のこと。アンネの日記では、ジャクリーヌは「ヨーピー」として登場する。それに加えて、ジャクリーヌ自身も波瀾万丈《はらんばんじょう》の人生を歩んできた。その話も、本人からやがて聞くことができるだろう。

私はジャクリーヌの本に深い感銘を受けた。彼女は昔から、作家としての才能に恵まれていたのだろう。それがやっと表に出ることができたのである。ジャクリーヌのような立派な作家と同席して、自分が緊張してしまうのではないかと心配していたが、彼女のほうは、他の人と同じようにただ会話に没頭している。どうやら緊張する必要はなさそうだ。

私たちは芝生の上に折りたたみ式の椅子を並べ、輪になって腰を下ろす。メルヴェデプレインの家並みが私たちを取り囲んでいる。フランク家の人々も、かつてそれらの家の一軒に暮らしていた。近くにはアンネの銅像があり、誰かがかけた花輪が首からさがっている。その花輪と、明るい太陽の光が相まって、アンネがまるでフラダンスのダンサーのように見える。市の中心部の喧噪《けんそう》を離れたこの場所は、心地よい静けさに包まれている。人々は昔の思い出について語り、子供たちや孫たちについて語る。

会話のきっかけを作るために、私は昔に撮ったクラスの集合写真を大きく引き伸ばして持ってきていた。ただしユダヤ人中学校ではなく、その前の一九三七年に小学校で撮った写真だ。私はその写真をずっと持っていた。写真の人物を確認するなら、今がチャンスだろう。元クラスメートたちは、写真の子供たちの誰かを知っているかもしれない。そもそも私たちは、みんな同じ街に住んでいたのだから。私にわかるのは、自分と、担任のデ・ハーン先生だけだ。

レニーが最初に写真を見る。彼女は眼鏡を外し、写真をじっと見つめる。「まずあなたから探してみましょう」

次にアルベルトが、幼稚園のクラスメートと偶然ばったり会ったときの話をしてくれる。彼が三十歳のときのことだ。クラスメートは彼に向かって「まったく変わってないな」と言ったという。「どうやら私は、三十になっても幼稚園児に見えたみたいだね」。アルベルトはそう言うと、おどけて顔をゆがめる。

それを聞いてみんなが笑う。そのときになって、私も彼のことを少し思い出す。アルベルトは昔からずっと同じアルベルトだ。外見はたしかに老けたけれど、目には昔と同じ好奇心と知性の光が宿っている。

私はレニーに、写真の中の自分を教える。「おもしろいわね」とレニーは言う。「同じクラスにいたときのあなたの姿ははっきり覚えているつもりなのに、写真を見ただけでは絶対にわからなかったわ。たしかあなたの席は、教室の真ん中あたりだったわよね。ナニーと私はドアの近くだった」

私の記憶はそれほどはっきりしていない。私自身は、写真の中のレニーを見つけることができただろうか。今は教えてもらったので、たしかに彼女の面影を見ることができる。しかし、人の記憶とはいつもそういうものだ。もしかしたら、ウェーブのかかった黒髪がヒントになったかもしれない。それに眼鏡もそうだろう。しかし、今までの人生で、黒髪で眼鏡をかけた女性には、他にもたくさん会っている。

アルベルトは昔の自分の写真を持ってきていて、それを私たちに見せてくれる。レニーはその写真を見て、アルベルトも記憶の姿とはだいぶ違うと言う。「つまり、記憶の中の姿は変化するということね。特にこんなに長い年月がたつとそうなのよ」

ジャクリーヌも思い出の品を持ってきている。それは、彼女にとってとても特別なもの、クラスメートが書いた詩を集めたアルバムだ。「今ここに集まることができたのは、クラスメートの一部だけよね」と彼女は言う。「でも、今いない人たちも、このアルバムの中にはたしかに存在する。それをみんなに見せたかったの。アンネは日記の中で、クラスの女の子全員の名前を書いているわよね。たとえばイルセ・ワフネルや、それから――」

「こんなことを言って誰も傷つかないといいんだけど、でも私はその子のことが好きだったんだよ」。アルベルトが口をはさみ、私たちは笑う。「もちろん、真剣な恋ではなかったけどね。まだ子供だったから……」

「ええ、イルセはとても優しい子だった」とジャクリーヌも言う。「私も彼女が大好きだったわ」

ジャクリーヌは、イルセが書いた詩を朗読する。「イルセは幸せで長生きしたいと書いていたけれど、それから一年もしないうちに、ソビボルの収容所で殺されてしまったの。一九四三年の四月二日のことだったわ。私たちはなんて無邪気だったのかしら。本当に何も知らなかった。それに親たちも、あまり多くのことを教えてはくれなかった。

「ヘニー・メッツが書いてくれた言葉もあるの。一九四二年の七月よ。その一年後、彼女もイルセと同じようにソビボルに送られて、たぶんすぐにガス室送りになってしまったのでしょうね。このアルバムに書いてくれた人たちの中では、アンネがいちばん長生きしたんじゃないかしら」

ジャクリーヌはアルバムをめくり、アンネのメッセージが書かれたページを開く。「これを書いてくれたのは、一九四二年の三月だった。アンネは一九四五年の三月にベルゲン・ベルゼンで亡くなったのよね」。ジャクリーヌは何かを探してページをめくる。「これはベティ・ブルメンダール。日付は一九四二年の四月になっているわ。彼女もソビボルで殺されたの。一九四三年の七月二三日のことだった」

「みんな子供らしい、無邪気なメッセージばかりね」とレニーが言う。「一九四二年の夏は、連行されたユダヤ人の子供はまだ一人もいなかったから。消えた子供はまだいなかった。でもそれから一年後、みんな急に学校に来なくなった」

私はジャクリーヌに、アンネが書いた詩を読んでくれないかと頼む。ジャクリーヌはアンネの詩をみんなに聞かせる。

アムステルダム　一九四二年三月二三日
親愛なるジャクリーヌ、いつも太陽の光のように輝いていてね
学校ではいい子でいて
いい友だちでいてね
そうすれば、あなたはみんなに愛されるでしょう。

## 地下に潜る

私たちの会話は、潜伏生活の話題に移る。誰が潜伏生活を送ったのか、いつから潜伏生活に入ったのか、そして、その理由は?

レニーは、一九四三年の五月から隠れて暮らすようになった。ユダヤ人中学校に通ったのは最初の一年だけで、それからユダヤ人専用のモンテッソーリ学校に短期間だけ通うことになる。そのころレニーは、ドイツから逃げてきたユダヤ人と出会うようになった。「ドイツのユダヤ人は、オランダのユダヤ人よりもはるかに多くのことを体験していたわ。ドイツですでにかなりつらい目にあっていたの」と彼女は言う。

私はハンナとアンネのことを考える。アンネは日記で、一九三三年に父親に連れられて一家でドイツから移ってきたと書いている。ドイツを離れたのは、フランク家の人々が「純血のユダヤ人」だったからだ。ドイツでは、そんなに早い時期からユダヤ人の迫害が始まっていたということだ。そして一九三八年にクリスタルナハトが起こると、フランク家の親戚の多くは北米に亡命した。

私は祖父母の二人しかユダヤ人ではないことになっていたので、身分証に「J」のスタンプが押されなかった。みんなにその話をすると、それならなぜわざわざ潜伏したのかと、アルベルトに質問される。

「それは、両親がもう家に帰れなくなってしまったからなんだ。両親の身分証には『J』のスタンプが押されていたから、ドイツ軍に連行される危険があった。だから、私をどこかに預けなければならなかった。子供を一人で家に残していくわけにはいかないからね」

ジャクリーヌは、本当に祖父母の二人がユダヤ人ではなかった。「でもうちはユダヤ人のコミュニティに登録していたから、当局からユダヤ人だと思われたの。だから私もユダヤ人中学校に通うことになったのよ。戦争も半ばにさしかかったころ、母がついに立ち上がって、問題を解決するためにユーテルペストラートへ行ったの」。ユーテルペストラート——現在はヘリット・ファン・デル・フェーンストラートと呼ばれるその通りは、かつてドイツの秘密警察の事務所があったところだ。

「母はカトリックで、ユダヤ教徒ではなかった。母はやると決めたら必ずやりとげるタイプの女性だったわ。もちろん、ナチスの高官と直談判するのは怖かったでしょうけど、言葉巧みに訴えて、自分の魅力で相手を降参させてしまったのね。それから、南仏から書類を取り寄せなければならなかったりして、いろいろ込みいって大変だったけれど、最終的にはすべてがうまくいった。戦争の半ばになって、私は突然ユダヤ人ではなくなってしまったの」とジャクリーヌは言う。

「だから、今ここにこうして元気でいられるんだね」と私は言う。

「ええ、そうよ。もしユダヤ人のままだったら、きっとこの場にいることはできなかったでしょうね」。ジャクリーヌはしばらく口をつぐみ、そして自分がまだ詩のアルバムを持っていることに気づく。彼女はレニーを見る。「レニー、自分の詩をもう一度読みたくない？　あれ以来ずっと見ていないでしょう」

レニーは驚いたように顔を上げる。「ええ、もちろん読みたいわ」。レニーは古いノートを慎重に受け取ると、ジャクリーヌが開けておいてくれたページをじっと見る。そして彼女は、自分の詩を朗読する。

一九四二年四月二一日　アムステルダム・ザウト

親愛なるジャクリーヌ、毎日楽しく笑ってね

いつも優しい言葉を忘れずに

若さを楽しみ、人生を楽しみ

いつも争いではなく喜びをもたらして。

あなたのクラスメート、レニー・ダイゼント

レニーは笑みを浮かべ、そして自分の詩はいつもオリジナルの作品だったと言う。

アルベルトと私が、男の子の詩がないみたいだねと口をはさむ。

「あなたも自分の詩を読みたい？」と、ジャクリーヌがナネッテに尋ねる。

「ええ、もちろん。今までとっておいてくれたなんてすばらしいわ。すてきな思い出の品ね」

「私は潜伏生活を送らなかったから。それはとても大きな違いよ」

ナネッテは読みはじめる。

一九四二年三月一九日
親愛なるジャッキー、ここ地上にはよい妖精が住んでいる
そして何千もの奇跡を生みだしている
妖精は今までに会った人みんなから愛されて
心から尊敬されている
巧みな技を使って多くの善いことをする
すべての少女の心の中に妖精は住んでいる
なぜなら優しさが彼女の名前だから。

あなたの友人、ナニー・ブリッツ

「それから、反対側にも何か書いてあるわね」

薔薇は赤い
菫《すみれ》は青い
砂糖は甘い
あなたも同じよ、親愛なるジャッキー。

私たちは笑う。
ハンナはここにいないので、アルベルトが代わりに彼女の詩を朗読する。

一九四二年三月八日
親愛なるジャック、いつも明るく元気いっぱいでいてね
いつも楽しい笑顔を見せてね
あなたが訪ねるすべての家に
喜びと太陽の光を届けてね。

あなたの友人、エリザベート・ホスラー

それから話題は、アンネの誕生パーティのことに移っていく。私たちが今いる場所の、まさに隣に建つ家で行われたパーティだ。

「アルベルト、きみもいたのか？　リンチンチンの映画を観たのを覚えているかな？」と私は尋ねる。

「ああ、いたよ」と彼は答える。「でも、リンチンチンのことはまったく覚えていないな。ジャム作りの映画なら覚えているけどね。オットー・フランクは、パーティになるとよくジャム作りの映画を上映していたよね。私たちは、みんな一つの部屋に集まっていた。その部屋には続きの間があって、そっちは真っ暗で、映画のスクリーンがかかっていた。オットー・フランクはペクチンを扱う仕事をしていたけれど、当時の私はそのことを知らなかったんだ。ジャムの映画はとても退屈だったよ。まったく興味が持てなかった」

「ミープ・ヒース（フランク家の潜伏生活を支援したオランダ人女性）に聞いたんだけど、あれはオペクタ商会の宣伝映画だったみたいね」とジャクリーヌは言う。

「私もリンチンチンの映画のことはあまり覚えていないわ」とナネッテも言う。「私がよく覚えているのは、チェックの柄のカバーがついた一冊のノート。アンネの最初の日記帳よ。今でも目に浮かぶようだわ。アンネがもらった他のプレゼントと一緒に、テーブルの上に載っていたの」

「あら、テーブルの上に載っていたのではなくて、アンネが自分で見せてくれたような気がするけれど」とジャクリーヌは言う。「私が覚えているのは、アンネがその日記帳のことをなかなか教えてくれなかったということ。たしかパーティの前日にもらっていたはずよ。テーブルの上にずっとおきっぱなしにしておいたとは思えないわ」

「そうだったかしら」とナネッテ。「それはともかく、日記帳を見たことはたしかよ。当時はみんなそうだったけれど、私も自分の日記帳を持っていて、チェックの柄がとてもすてきだと思ったのを覚えているから。家では『壁に耳あり』っていつも言われていたから、何も話すことができなかった。でも、だからといって、ずっとためこむことはできないわよね。だからあのころは、みんな日記をたくさん書いていたの」

ジャクリーヌは、どこかがっかりしたような声で、自分は書かなかったわと言う。

## アンネの崇拝者たち

男女が集まると、話題はどうしても恋愛のことになる。私たちの興味の中心は、誰と誰がつきあっていたかということではなく、誰がアンネに恋をしていたかということと、そしてアンネは美人だったかどうかということだ。

「これだけは断言できるけれど、あの当時は『セクシー』という言葉なんて存在しなかった」と私は言う。「私の印象では、アンネは間違いなく魅力的な女の子だった。でも、アンネ自身がそれを知っていたかは……どうだろう。

「アンネはこんなことを書いていた。『ねえ、覚えている？　モーリス・コステルは娘さんとデートさせてくださいってピム（アンネの父親オットー・フランクの愛称）に申し出ようとしていたのよね』。アンネはきっと、私が自分と正式につきあいたがっていると思っていたんだろうね」

「その話は本当なの？」とジャクリーヌが尋ねる。

「いいや、アンネはただの噂を耳にしただけだと思うよ」。私はそう答えたが、ときどきアンネと一緒に自転車で登校していたことは話す——もちろん、びっくりするような告白ではないけれど。

　赤と白のチェック柄の表紙で、中は真っ白だったアンネの日記帳は、後にとても重要な意味を持つ、世界的な大ベストセラーになった。もしドイツ人が、アンネを捕らえた後にその日記も没収していたら、出版されることもなかっただろう。

　オランダがドイツに占領されると、当時の政権はイギリスに亡命した。その亡命内閣の教育大臣、ヘリット・ボルケステインのスピーチをラジオで聞いたアンネは、自分の日記のコピーを作ろうと決める。ボルケステインはスピーチで、たとえば日記のような証言記録を保管しておくようにオランダ国民に呼びかけた。戦争の後で収集して出版するためだ。アンネは自分の日記もその本に使ってもらいたいと考えていた。そして模写する過程で、必要ないと判断した部分を削除し、新しい考えをつけ加えた。

フランク家の潜伏生活を支援したミープ・ヒースは、フランク家の人々が連行されると、アンネが残したオリジナルの日記と、そのコピーを保管していた。そして戦争が終わると、アンネが残した他の書き物と一緒に、日記をオットーに返還する。彼女が中身を読むことはなかった。オットーはオリジナルの日記とコピーの日記を合わせ、内容を編集して一冊の本にした。オランダの新聞の『ヘット・パロール』が、まだ出版されないうちからその本をとても好意的に紹介した。それからすぐに出版社が見つかり、以来『アンネの日記』は、オランダの本屋から姿を消すことはなかった。

翻訳版の出版もすぐに決まった。しかし、最初のうちは、オランダ以外の国でそれほど大きな話題にはならなかった。外国でも売れるようになったのは、アメリカで日記を題材にした舞台が上演されてからのことだった。私が持っている最新版の『アンネの日記』を見ると、三〇ヶ国以上で出版され、全世界で一六〇〇万部以上売れたと裏表紙に書いてある。

私が登場するのは一二ページだ。「モーリス・コステルは、たくさんいるわたしの崇拝者のひとりですけど、どちらかというと、退屈な子です」と、アンネは書いている。

「アンネについて私が知っているのはね」とジャクリーヌが言う。「日記で自分のことをとてもうまく表現しているから、私たちが何かをつけ加える必要はほとんどないってことよ。ただし、自分はみんなの注目の的だったってよく書いているけれど、本当にそうだったかはよく覚えてないわ。それにアンネを崇拝している男の子は、アンネが日記で書いているほど多くはなかったのではないかしら。でもそれ以外については、アンネは自分の性格をとてもうまく描写していると思う。正直で、一風変わった女の子。隠れ家での生活を強いられているときに、自分のことをあんなふうに書けるというところが、アンネのそんな性格をよく表していると思うわ」

「アンネのことはそんなによく覚えていないんだ」とアルベルトは言う。「私は引っ込み思案な性格で、アンネは大人っぽくてしっかりしていたからね。あの当時好きだった子の話なら、私はイルセ・ワフネルみたいなおとなしいタイプに惹かれていた。アンネほどドラマチックな子じゃないけれどね」

「私は髪の毛やボタンをいじるクセがあったのだけど、それをよくアンネに注意されていたわ」とナネッテは言う。「それに私の記憶では、たしかにアンネはいつも周りに注目されたがっていたわね。注目を集めるのが好きなのよ。でも、収容所で会ったアンネは、当然だけどすっかり変わってしまっていたわ」

「それはどういうこと?」と私は尋ねる。「きみは収容所でアンネに会ったのだろうか」。ナネッテがアンネとマルゴット姉妹と同じベルゲン・ベルゼンに収容されていたことは知っていたが、アンネに実際に会ったという話は聞いたことがなかった。

「ええ、会ったわ。そして抱きしめもした。ベルゲン・ベルゼンの中はいくつかに区切られていて、アンネと私は違う場所に入れられていたの。最初に会ったときは、二人の間に有刺鉄線の金網があった。アンネはひどくやつれてしまっていて、しばらく誰だかわからなかったくらいよ。収容所に来る前に最後に会ったのは、一九四二年の七月だった。アンネの一家が潜伏生活に入る直前のことね。ああいう状況で、あんな状態のアンネを見るのは、言葉では表現できないくらいショックな出来事だったわ。

「二人の間にあった有刺鉄線の金網は、それからしばらくして取り払われた。そのとき、アンネもまだ向こう側にいるのだろうと思って探しに行ったの。そして見つけたわ。それからは、かなり頻繁に彼女を訪ねるようにしていた。

「私たちは二人とも骸骨《がいこつ》のように痩せてしまっていた。でもアンネは、絶対に生きて収容所を出ると確信していたわ。それに、隠れている間も日記を書いていたことも話してくれた。そのまま出版したいわけではなくて、本の材料にしてもらいたいと言っていたわね。

「アンネがベルゲン・ベルゼンにやってきたのは一一月だった。そのときにはもう、すっかり弱ってしまっていたわ。アンネは私にアウシュビッツの様子を話してくれた。アウシュビッツに残ったお母さんがどうなったかはわからないとも言っていたわね。

「ある日、一人の女の子が私のいる小屋にやってきて、私の隣のベッドで寝ることになったの。彼女は今、イスラエルのハイファに住んでいるわ。その子と話しているときに、アンネのお母さんが選別を生き残ったという話を聞いたの。それを伝えると、アンネの決心はさらに固くなった。収容所では、アンネのお姉さんのマルゴットにも会ったわ。マルゴットは、アンネが亡くなる少し前に亡くなった。でも、ハンナもベルゲン・ベルゼンにいたことを知ったのは、戦争が終わってからのことだった。あの収容所はとても厳格に区分されていたから、他の場所のことはまったくわからなかったのよ」

## 学校生活

私たちの会話は、横を通りすぎる子供たちの小さな集団にときおりさえぎられる。近くの遊び場に向かう彼らに、私たちは目を向ける。見たところ八歳ぐらいだろうか

——私たちがアンネと一緒にユダヤ人中学校に通っていたころよりも、四歳か五歳くらい年下だ。まだアンネについての話は終わっていない。今日一日いろいろ話して、きっと彼女のことをもっとよく知ることができるだろう。

アルベルトはユダヤ人中学校に通っていたとき、ミセス・ビーゲルの生物の授業を受けていた。「先生はこう言ったんだ。馬とロバを同じ小屋に入れたらラバが生まれるってね。そのとき私は、どうしてそうなるのかわからなかった。アンネ・フランクは自信満々で私に説明しようとしてくれたけど、私はそんなに知りたいとは思わなかったよ——もちろん、クラスのみんなはその様子を見て大笑いしていたけれどね」

私たちもそれを聞いて笑う。

ナネッテは言う。「あのころは、みんなまだほんの子供だった——今の若い子たちとはずいぶん違うわね」

そのときのアンネの様子を想像し、私は思わず笑顔になる。クラスのみんなが見ている前で、アルベルトに性教育をしてあげようと張り切っているアンネ。

あの学校には、本当に優秀な生徒はいたのだろうか。私はそんな疑問をみんなにぶつける。

「私たちはみんな優秀だったわよ」とジャクリーヌは言う。「そうでなければ、あの学校に通うこともなかったもの」

「いちばん頭の良かった子も、きみのアルバムに詩を書いているね」とアルベルトは言う。「ベティ・ブルメンダールだ。成績はいつも一番だった」

「ああ、それを考えると悲しくなるわ」とジャクリーヌ。「本当に頭のいい子だった。物静かで、そして優しくて」。ジャクリーヌはベティ・ブルメンダールのページを開き、自分で書いたメモを見る。「一九四三年の七月と書いてある。たぶんこれは、ベティがソビボルでガス室に送られた月のことね。私はときどきそういうことを調べているの。日付が彼女の両親と一致したら、何が起こったのかがはっきりとわかる。姪たちのことも調べてみたんだけど、やっぱり両親の日付とまったく同じだったわ」

ナネッテは言う。「私がいちばん後悔しているのは、クラスの集合写真を撮らなかったこと。私が持っているのは学校全体の写真だから。これが戦争でなくならなかったのも、奇跡のようなものね。ドイツ人たちは家の中を略奪したときに、知らないうちにファイルを一つ落としていたの。それを近所の人が見つけて取っておいてくれた。学校の写真はその中にしまってあったのよ」。ナネッテは、昔の写真をユダヤ歴史博物館に寄付したことを話してくれる。その写真は、今でも博物館に展示されている。彼女の夫はときどき、自分は博物館に展示されている人と結婚したと言うそうだ。

それから私たちは、学校の外ではどんな遊びをしていたかを思い出そうとする。戦争が始まるとすぐに、外で遊ぶのは難しくなった。そのころから、ユダヤ人はあらゆることを禁じられていたからだ。学校の最初の一年が終わるころには、自転車も当局に没収されてしまっていた。ジャクリーヌの話では、アンネの自転車はその一週間前に盗まれていたという。アンネは警察に盗難届を出した。

「それがね、まったくの偶然から、その盗難届が警察の記録から見つかったのよ。一〇年ぐらい前のことだったわ。ええ、そうなの。アンネ・フランクの名前が出てくると、それが何であれ必ず注目を集めることになる。ともかく、自転車がなくなってからは、みんな歩いて学校に通っていたわ」

レニーは言う。「そうね。ああいった法律は、一九四一年の春からどんどん増えていった。ユダヤ人は公園に行くのも禁止、スポーツをするのも禁止。自分の家の庭で座ることさえできなくなってしまったものね」

「そう、それに私はボーイスカウトをやめさせられたよ」と、レニーに続いて私は言う。「あれは本当に残念だった。ボーイスカウトの活動が大好きだったからね」

「そういえば、ユダヤ人の活動を禁じる法律が増えていくと、誰かがユダヤ人の子供のためにスカウトを作ってくれたよね」と、アルベルトも当時を思い出す。「私はそこに一年くらい所属していたかな。でも結局は、それも禁止になってしまった。最後の集まりのときにスカウトのリーダーがスピーチをしたんだけど、それがとても強く印象に残っている。彼はこんなことを言った。『今のところ、われわれはブラックリストに載っている。四方八方から悪者にされ、あざけられ、軽蔑《けいべつ》されている。でも、これだけは忘れないでほしい。ユダヤ人は、美しいものもとてもたくさん生みだしてきた。私たちはそれを誇りに思うことができる』
「戦争が終わると、私はその美しいものを探しはじめた。現代へブライ語を学び、ユダヤ人のコミュニティにも積極的に参加するようになった。そういった活動が認められて、賞までもらったこともある」

私たちのすべてが、戦争のせいで若い時代の一部を失ったと感じている。私たちには思春期がまったくなかったとナネッテは言う。「私たちはみんな、子供から一気に大人になってしまったのよ。そうならざるをえない状況だった」。ナネッテは、若者時代を経験したことが一度もないという。十九歳でイギリスに渡ったときは、同じ年ごろの若者たちがとても子供っぽく見えたそうだ。彼女はすでに、あまりにも多くのことを経験していた。しかしイギリスの若者は、ナネッテが経験したようなことは、想像することもできなかった。
「私自身は、戦争が終わってすぐに大人になったわけではなかったかもしれない」とアルベルト。「でも、思春期の一部が欠けていたことはたしかだ。普通なら、思春期のころに両親から離れて自由になろうとするよね。十四歳ぐらいの子供は、あまり親と一緒にいたがらないだろう。でも十四歳の私は、両親や姉と一緒に潜伏生活を送っていた。そういう状況では、家族と距離をおこうなんて考えもしないよ。本当の自分を発見したいなんて気持ちは起こらないだろう。もちろん、思春期になれば誰でも通る道なんだけど、私は単にそういう気持ちにならなかった。戦争が終わってからもそういう経験はなかったね」

「もしかしたらそれは、あなたの性格も関係があるかもしれないわね」とジャクリーヌが言う。「日記を読むと、アンネはかなり激しく両親と衝突していたのがわかる。たとえ戦争がなかったとしても、あなたは反抗期がなかったかもしれない」

「たしかにそうかもしれない。でも今から思うと、ちゃんと思春期を経験しなかったことがとても残念なんだ」

「わざわざ問題を増やすことはないのよ」とナネッテは言う。「もし戦争がなかったら、私の思春期はだいぶ違っていたでしょうね。でもジャクリーヌも言っていたように、アンネは両親、特に母親と激しく衝突した。そのことでオットー・フランクはずいぶん心配していたのよね？」

「ええ、本当にそうだった」とジャクリーヌは答える。「アンネは思春期をめいっぱい体験した――それは間違いないわね。私自身は、それほど反抗はしなかった――むしろ聞きわけのいいほうだったわ。反抗的な態度は取らなかったけれど、家に閉じこもって、人生を遠ざけていたの。今でもよく覚えているのは、終戦後にナネッテとハンナを訪ねたときのことよ。そのとき、二人との間にあったつながりが消えてしまったことを、はっきりと感じたの。二人が経験したことを、私は経験していなかったからよ。私の人生には何かが欠けていた。私たちの友情は後でまた戻ってきたけれど、あのときに感じた気持ちはとても強かったわ」

おそらく、それは私も同じだった。ファン・ベーク家にいる間は、いつもいい子でいようと気をつけていた。両親から自立したいという強い欲求を持ったことがないのも、きっとそれが原因だろう。あのころは、自立心を持つ余裕なんてまったくなかった。だから私自身も、思春期を経験せずに大人になったと言えるのだろう。

ナネッテが私の話を受けて言う。「私が親戚のおばさんの家に住んでいたときと同じね。戦争が終わると、少しの間だけロンドンのおばさんの家でお世話になったの。みんな優しくしてくれたけれど、本当の意味で自分らしくふるまったことはなかったわ。いつも気をつかって、いい子でいるようにしていた。私のほうが向こうに合わせなければならなかった」

太陽の光が降りそそぎ、私たち四人（レニーはちょうどそのときどこか別の場所へ行っていた）は、アンネ・フランクが子供時代をすごした家に向かって、ゆっくりと歩いていく。二階建てのアパートで、今はある財団が管理して、祖国で迫害を受けた作家のために提供されている。ジャクリーヌの話では、アンネの部屋は全面的な改装が行われ、もう見ることができなくなっているという。

集まりが解散になると、ナネッテが一九四二年にクラスメートから聞いた話を教えてくれる。「ポーランドでは人々をトラックで運んで、毒ガスを使って殺しているといるって、その子は言うの。まったく想像もつかない話で、当時はとても信じられなかったわ」

毒ガスで人を殺す――たしかに「想像もつかない話」だが、それでも本当に起こったことだ。

## ドイツ軍がやってきた

オランダで第二次世界大戦が始まった日ははっきりしている。ロッテルダムの中心部を完全に破壊した、あのドイツ軍の爆撃があった日だ。一般の国民のみならず、オランダ政府もこれには大きな衝撃を受け、次の攻撃を恐れて即座に降伏した。

午後はそれぞれ自由行動となっているので、私はこの機会にアルベルトとじっくりているのだろうか。

話してみる。ドイツがオランダに侵攻した日のことについて、アルベルトは何を覚えていたのだろうか。

「あの日は病気で寝ていたんだ」と、アルベルトは笑みを浮かべながら言う。「両親の大きなベッドに寝かせてもらって、ラジオを聴いていた。ドイツ軍の兵士がパラシュートでロッテルダムに降りてきたというニュースを覚えているよ。ウィルヘルミナ女王が演説でドイツ軍の攻撃を非難したのも覚えている。誰も予期していなかった攻撃だからね。

「正直なところ、女王が国を離れたことについては、特に意見はないんだ。イギリスにいても立派な仕事をしてくれたと思っている。たとえオランダに残っていても、できることは少なかったんじゃないだろうか。もちろん、ヨーロッパの他の国には、ドイツに占領されても祖国に残った王族はいるけれど……たとえば、ベルギーのレオポルド王がそうだった。デンマークのクリスチャン一〇世は、ドイツに抵抗した姿勢がとても立派だった。国を追放されないように、あからさまな抵抗は避けていたけれど、それでもはっきりとデンマークの民衆の側についていた。民衆に尊敬される王だったね。レオポルド王については、いい話はまったく聞いたことがないけれど」

ドイツ軍の侵攻に対して個人的にはどう思ったのかを尋ねてみると、アルベルトからは、実は覚えていないという答えが返ってくる。「個人にできることは何もなかったからね。結局のところ、オランダはドイツと戦争になるなんて思ってもいなかった。軍事力はドイツのほうがはるかに勝っていたからだ。だからロッテルダムの中心部が爆撃で徹底的に破壊されると、オランダはすぐに降伏してしまった。大勢の人が、最後の数日の間に船でイギリスに逃げようとしたけれど、成功した人はほとんどいなかった。自殺した人までいたという話も聞いている」

実際のところ、ドイツに占領された最初の半年は、とりたてて変わったことはなく、いつもと同じ日常が続いていた。もちろん、夜には外に灯りがもれないように窓を遮《しゃ》断《だん》して、爆撃機の標的にならないようにしなければならなかった。当時はまだ、暗闇でも見える暗視スコープは存在しなかった。しかし、それ以外は取りたてて変わったことは特になかったとアルベルトは言う。

「占領一年目が終わるころ、ユダヤ人の公務員が解雇されはじめた。ユダヤ人所有のビジネスは国に没収され、オランダのナチ党が政権を握った。父が勤める会社はユダヤ人の経営だったので、国によって経営陣が解雇され、代わりにナチ党員がやってきた。間もなくして、父も解雇されたよ」

私はアルベルトに、潜伏先でお金を請求されたことがあるかと尋ねる。「いいや、お金を払って隠れさせてもらったことは一度もない。大金と引き換えに潜伏先を提供するという話もあったけれど、両親はすべて断っていた。うちにそんなお金はなかったし、それ以前に、みんな事態を楽観していたんだ。戦争は数ヶ月で終わるかもしれないと思っていた。まさか五年も続くなんて、思ってもいなかったんだね。

「隠れ家を提供すると言う人たちは、一ヶ月に数千ギルダーも要求していた。当時としてはかなりの大金だ。彼らにしても、ただ金もうけのことしか考えてなかったのは明らかだった。お金がなくなった瞬間に通報していたに決まっている。父は旅回りのセールスマンで、たくさんの顧客を抱えていた。いいお客さんもたくさんいた。だから、信頼できる人と、そうでない人がわかっていたんだ。潜伏生活に入ってからお金が底をついたとき、私たちはすでにレジスタンスと連絡を取っていた。そのとき、父にこう言われたんだ。『お前はどこそこへ行って、私の昔のお客さんを探しなさい。もしかしたら助けになってくれるかもしれない』。そして、父の言う通りだった。昔の顧客の何人かが、レジスタンスを通して毎月お金を送ってきてくれたんだ。終戦後にお金を返そうとしたんだけど、彼らは頑として受け取らなかったよ」

学校時代、アルベルトの親友は誰だったのだろうか。私は次にそれを尋ねてみる。

「それはレオ・スラハーだな。ここからそう遠くないところに住んでいたよ。自転車で学校へ行く途中に彼の家のそばを通るんだ。そこで合流して二人で学校へ行った。ドイツ語の授業があった日に一緒に帰ったときのことは、今でもよく覚えているよ。私がドイツ語で彼に何か言ったんだ。すると彼はカンカンに怒って、回れ右をすると、違う道を通って一人で帰っていってしまった」

レオ・スラハーは戦争を生き残れず、ソビボルの強制収容所で命を落とした。

「私の姉が、アメリカに住んでるんだ」とアルベルトは続ける。「何年か前、終戦から六〇年ぐらいたってから、彼女がオランダを訪ねてきた。何か薬が欲しかったということでね。どうやらアメリカでは手に入らないらしい。薬局のエトスに連れていくと、彼女はある薬の瓶《びん》を手にとって、ラベルを読み上げた。『ドイツ製』。そしてすぐに瓶を棚に戻してしまったんだ」。アルベルトは、びっくりしたような顔で私を見る。

「終戦から六〇年もたっているというのにね」

「きみはドイツに対して、もう何のわだかまりもないのかな」と私は尋ねる。「今でもドイツ語を聞くと、やっぱり何か感じるのではないだろうか」

「いいや、私はドイツ語を聞いてもまったく平気だよ。ドイツに行ったことはないけどね。家族の休暇はいつもスイスに行っていた。フランスを通ってスイスに入るから、ドイツは一度も通ったことがない」

## 逃亡

ヴェステルボルクへのユダヤ人の移送が始まったのは、ドイツの占領から二年たったときのことだった。最初、通知は普通の郵便で届いた。労働キャンプに行って働くようにという内容だった。アンネの姉のマルゴットも、この郵便を受け取った。マルゴットに召集令状が届いたことをきっかけに、フランク家は潜伏を決意する。一九四二年の七月のことだった。

「うちに召集状が届いたのは、一九四二年の八月一日だった」とアルベルトは言う。「一家全員に届いたんだ。父、母、姉、そして私。父は母と違って身体が丈夫ではなかったから、病気を理由に免除されると思っていたんだけど、それでも母は隠れることを望んだんだ。そのことで二人は激しく口論していたよ。

「両親の友人の一人が、一家で隠れる場所を見つけたんだ。フランク家と同じだね。彼らの潜伏先も、アンネの『隠れ家』からそう遠くない場所だったよ。私たちも、その友人の一家と同じ場所に隠れることができるようになった。そして八月一日になって、五日に中央駅に集合するようにという召集状がわが家に届く。潜伏生活に入ったのは、たぶん一九四二年の八月三日だったと思う」

潜伏生活での経験について尋ねると、アルベルトはしばらく考えこむ。そこで私は、彼が答えやすいように、食べ物、遊び、スポーツなど、具体的な質問に切り替える。「スポーツ？　それはいいね」と彼は笑う。「潜伏生活での私の経験は……そうだね、最初の潜伏先が安全だったのは、たった四ヶ月だけだった。もっと長くいられると思っていたんだけどね。

「生活に必要な品を手に入れる仕組みは、だいたいフランク家と同じだよ。潜伏生活に入る前に、レジスタンスに関わっている人たちとつながりをつけておくんだ。そして彼らに食料を提供してもらう。食べ物が何よりもいちばん大事だからね。もちろん、もしものときのために蓄えておいた食料もある。たいていは豆だね。それでしばらくの間しのぐこともできた。食料が届くのは週に二回ぐらいで、野菜や果物、パン、ジャガイモ、チーズなど、とにかくそのとき手に入るものを持ってきてもらった。

「食料を手に入れるには、配給カードを持っていなければならない。だから誰かに頼んで、配給センターで自分のカードを手に入れなければならないんだ。でも、カードもやがてもらえなくなってしまった。ドイツの当局が、もういないことになっているユダヤ人の名簿を公表していて、その名簿に名前が載っていると配給カードが発行されなくなるからだ。そうなると、レジスタンスを通してカードを手に入れることになるんだが、その方法は各自で考え出さなければならない。

「最初の潜伏先を出てからは、自分たちだけの隠れ場所を持つことはできなかった。でも潜伏先の家族は、私たちのために買い物をすべて引き受けてくれていた。もちろん配給カードが必要なことには変わりはないけれど、よそに住んでいる人に買い物を頼む必要はなくなったんだ」

「隠れている間は、どんなことをしてすごしていたのだろうか」と私は尋ねる。

「最初は両親の友人の家に滞在していた。とても厳格な家庭で、毎朝早起きしなければならなかったんだ。七時半か八時だ。そして毎朝必ず体操をしていた。私はそういうのはあまり得意ではなかったけれど、まじめに参加していたよ。食事は決まって一日三回、いつも時間通りだった。金曜の夜から土曜日にかけての安息日には、食事前に必ずキッドゥーシュの祈りを唱えて、食後も祈りを捧げていた。

「よくやっていた遊びはゲームのモノポリーだ。それから友だちにチェスも教えてもらった。両親はずっとトランプをやっていたよ——際限なくやっていたものだから、ただ見ているだけでブリッジのルールを覚えてしまったほどだ。戦争が終わって学校に戻ると、ブリッジ部に入ったんだ。それまで自分でやったことはなかったのに、すぐに試合に出してもらえたよ。

「一九四三年の半ばには、ホーイ地方に移動した。そこは比較的安全で、外に出ることができるようになった。畑で野菜を作るのを手伝ったり、草むしりをしたり、たまには買い物に行ったりしていた。姉と一緒に原っぱを散歩することもあったよ。二人とも金髪で、目の色も薄かったから、特に目立たなかったんだ。ユダヤ人だと思う人もいなかったと思う。私の考えを正直に言えば、アイデンティティというものは外見ではなく、それぞれの中身にあるんじゃないのかな」

「ドイツ人につかまりそうになったことはある?」

「ああ、あるよ。あの最初の隠れ家に行ってから、四ヶ月たったときのことだ。あれは本当に危なかった。私たちが隠れていたのは運河沿いの古い家で、入口は一つしかなく、各階につながる階段も一つだった。私たちは一階に住んでいて、上の階には芸術家のグループが住んでいた。彼らも、言ってみれば作戦の一部だったんだ。食料の買い出しや、配給カードの受け取りをやってもらっていたんだよ。

「ある夜、画家の一人がドイツ軍に逮捕され、留置所に入れられた。私たちをかくまっていたからではなく、共産主義者だったからだ。ドイツはソ連と戦争をしていたから、共産主義者はすべて疑われていたんだ。どうやらそのつかまった画家は、留置所で一緒になった人に私たちのことを話したらしい。話した相手は看守ではないし、ドイツ人でもない。同じ留置所に入れられていた人だ。画家はきっと、その相手は信用できると考えたのだろう。相手は画家よりも先に釈放され、そして私たちの家に向かった。画家から聞いて、食料が貯蔵してあると知っていたからだ。

「ある日、彼が秘密の入口から家に忍び込んだ。ドアの開く音がした瞬間、私たちはつかまると思ったよ。結局つかまりはしなかったけれど、そのときの恐怖は想像できるだろう。私たちがここにいることは誰も知らないはずなのに、知っている人がいたんだ。だから私たちはその家を出た。つまり、ドイツ軍ではなく、犯罪者に追い出されたわけだね。彼がその後どうなったのかは、ついにわからなかったけれどね。

「それから、一九四四年の半ばにも危なかったことがあった。ホーイ地方のラーレン村に移ってから一年がたったころのことだ。地元の警察官はみんな信用できる人たちだったけれど、村長がＮＳＢ（オランダ・ナチ党）の党員だった。夜に村を巡回して、隠れているユダヤ人を狩り出していたんだ。

「六月のある日の午後、両親に姉と二人で買い物に行くように言われた。そして買い物から帰ると、家がもぬけの殻になっていたんだ。その家には、私たち一家だけでなく、おじの家族も住んでいた。それに家の持ち主の一家もいて、その家族には子供が二人いた。だから全部で七人の人が暮らしていたことになるのだが、私たちが戻ったときは、本当に人っ子一人いなかった。

「後で聞いた話では、私たちがいない間に警察がやって来て、紡《つむ》ぎ車があるのが見つかってしまったらしい。紡ぎ車は、羊毛を紡ぐのに使う機械だ。でも、羊毛はすべてドイツ軍に供出されていたので、一般家庭に羊毛はないことになっている。羊毛があるなら闇市《やみいち》で仕入れたことになり、それは完全に違法だった。警察は紡ぎ車のことを注意したが、ユダヤ人が隠れている可能性には、あえて目をつぶってくれた。

「そのとき警察はこう言ったらしい。『来週もまた来るから、そのときまでに紡ぎ車を処分しておくように』。それを聞いて、家にいた人たちはすぐに逃げた。警察の言葉の本当の意味を理解していたからだ。『今回は誰かが隠れていることに気づかないふりをしてやるが、ここはもう安全ではない。村長のこともあるから、すべてうまくいくという保証はできない。だから来週までにこの家を離れなさい』。そして、私たちは言われた通りにしたんだ。

「次に向かったのは、近くにあるエームネスという村だ。そこに滞在したのは半年だった。小さな家で、玄関の扉には曇《くも》りガラスがはめてあった。ある日、呼び鈴が鳴った。曇りガラス越しに見ると、黒い制服を着た男の姿があったんだ。あの当時は、制服を着ている人はみんなドイツ人だった。だから信用してはいけない。

「まだ昼間だったので、私たちは隠れ場所に入っていなかった。互いに顔を見合わせ、『大変だ』とささやいた。持ち主の家族の誰かが玄関を開ける前に、私たち七人は、急いで隠れ場所に戻っていった。

「玄関に立っていたのは、予想通りナチスの制服を着た男だった。彼はこう言ったよ。『玄関を開けるまでにずいぶん時間がかかったじゃないか。それに、何やらドタバタいう音も聞こえてきた。この家には怪しいところがある。しかし一人で捜索するような危険を冒すつもりはない。援護を連れて、また戻って来る』ってね。

「今話したようなことが、本当にもう少しでつかまりそうになったときだ」

# オランダ初の電気窯

私はアルベルトに、模型飛行機を初めて作ったときの話をする。二人はメルヴェデプレインをゆっくりと歩いている。あの戦争という非常時に、子供たちはどんな遊びをしていたのだろうか。それについて覚えていることを、アルベルトに尋ねてみる。

「さっきも言ったように、ラーレン村では、おじさん夫婦とその子供たちも一緒だった。だから、三部屋しかない小さな家に、七人で隠れていたんだよ。家の持ち主の夫婦にも子供が二人いた。だからこう言われたよ。『あなたたちにはいちばん大きな部屋をあげましょう。こっちは残りの二部屋でなんとかするよ』ってね。

「隠れている間も、少しなら外に出て、庭で遊ぶことができた。隣に住んでいたのは老夫婦だ。たぶん六十代だっただろう。二人とも芸術家だった――陶芸家だよ。ラーレンは芸術家の村で、たくさんの画家が暮らしていたけれど、隣の夫婦は陶芸家だった。

「毎日、午後の五時になると、夫のほう――ミスター・ホッベルという名前だった――が、家の境にある生け垣のところにやってくる。おじさんも同じ時間に外に出て、生け垣のところへ行く。ミスター・ホッベルはこっそり英語のラジオ放送を聞いていたんだ。当時は敵国の放送だということで禁止されていたからね。聞いていいのは、ドイツのプロパガンダ放送だけだった。でも英語の放送を聞けば、外の世界の情報がわかる。そのおかげで、私たちも希望を持つことができた。英語のニュースは本当に心の励みになったよ。ミスター・ホッベルが毎日生け垣のところに来ていたのは、英語のニュースの内容をおじさんに伝えるためだったんだ。

「あの紡ぎ車の事件の後で、私たちは場所を移らなければならなくなったけれど、ありがたいことに、ホッベル夫妻の息子たちの家に隠れさせてもらうことができた。彼らはエームネスに小さな工場を一つ持っていた。工場には陶芸用の電気の窯《かま》があったんだ。当時、電気窯は最新の機械だった。たいていの陶芸家は、炭か木材か泥炭を使って、窯を熱していたからね。その電気窯の操作を、最初に任されたのは私だった。使うときはゆっくりと熱しなければならなくて、そのための手順がとてもこまかく決められていたよ。加熱が早すぎると、陶器が割れてしまうからね。うまく焼くコツは、粘土に含まれる水分をゆっくりと蒸発させることだ。つまり私は、オランダで最初の電気窯を使った陶芸家というわけだね。一九四四年のことだ。

「戦争が終わると、ミセス・ホッベルから小さな陶器をもらったんだ」。アルベルトはそう言うと、コートのポケットから小さな紙の箱を取りだす。「割れるといけないから、厳重に包んできたよ」。そして、陶器を包んだ薄い紙をはがす。「完全には残っていないけれど、残ったものをとても大切にしているんだ。ふたは割れてしまって、もう修理はできない。それに本体のほうも、かなりひびが入ってしまっている」

私たちはその小さな陶器をじっと見る。一見しただけでは、特別なところは何もない。

「私が死んだらゴミ箱行きだね」。アルベルトは笑い、陶器をまたていねいに包む。

「イスラエルに移住したいと思ったことはなかったのだろうか」と、私は尋ねる。

アルベルトは複雑な表情を浮かべる。「そうだな、たしかに移住を考えたことはあるよ。でも第一に、自分があんな大変な国で暮らしていけるとは思えなかった。それに両親のことも心配だった。姉はすでにアメリカに移住していたし、親戚もほとんど生き残っていなかった。父は一〇人きょうだいで、男の兄弟が二人だけ生き残ったんだ。私も戦争前は、おじとおばが合わせて一五人いたけれど、終戦後はたった三人になってしまった」

「私にとっては、それこそがまさにオランダを離れる決心をした理由だった」

「ああ、わかるよ。実はイスラエルには一度行ったことがある――オランダからの移民が暮らす街だ。でも、なんとなく息が詰まるような感じがしてね。イスラエルの中にある〝リトル・オランダ〟みたいな場所だった。ああいう場所は、私にはまったく合わないんだ。もちろん難しい決断だったし、移住をやめたことを後悔するときもあった。いちばん上の息子が、今エルサレムに住んでいるんだ。それはとても嬉しく思うよ」

「いつか自分が移住する可能性もあるのかな」

アルベルトは、あきれたような顔で私を見る。

「私はけっこうたくさんの場所に隠れたよ」

彼はまっすぐ前を見ると、指を使って数えはじめる。「最初に隠れたのは、アムステルダムの運河沿いにある家だった。でも一九四二年のクリスマス休みのころに、そこも安全ではなくなったので、祖母の家に移ったんだ。クリスマスの間はドイツ軍の迫害もお休みだったからね。休暇が終わってドイツ軍が迫害を再開してからも、しばらく祖母の家にいた。でも夜は野菜室の床で寝ていたよ。

「次に向かったのはおじの家だ。おじはレインコートを作っていて、ドイツ軍に卸《おろ》していたんだ。おじはそのおかげでしばらく平気だと思っていたようだけど、ついにその家も安全ではなくなった。そこでまた祖母の家にもどった。そしてまた祖母の家を出て、今度は私の昔の先生の家に隠れさせてもらった。小学生のときの先生だ。今はアンネ・フランク・スクールと呼ばれている、あの小学校だよ。先生の家に住んだのは四ヶ月だった。もしかしたら三ヶ月だったかもしれない。それから少しの間だけまたおじの家にもどって、そしてラーレン村で一年すごした。ラーレンも安全でなくなると、今度はエームネスに移って、陶芸家の息子の家で半年暮らした。そこも離れなければならなくなると、陶芸家夫婦の家に少しだけ滞在し、それからまたエームネスにもどった。全部で一一の住所を渡り歩いたことになるのかな」。アルベルトはそう言うと、疑り深そうに自分の指を見る。「ああ、そうだ——間のどこかで、ブラリクムで一晩すごしたこともあったはずだ」

　私たちは少しの間沈黙し、そしてアルベルトが突然笑いだす。「そういえば、隠れて暮らさなければならないことの意味がわかったのは、戦争が終わって三〇年もたってからだったよ。きっかけは、ユダヤ人の老人に会ったことだ。八十歳くらいで、ちょうどアイントホーフェンに引っ越してきたところだった。私はアイントホーフェンのユダヤ人コミュニティを代表して、その老人に会いに行ったんだ。終戦後、彼はアムステルダムに住んでいたんだけど、奥さんが亡くなって一人になってしまった。そこで、戦争中に隠れ家を提供してくれた家族と、一緒に暮らすことにしたんだ。

「悲しかったのは、彼がまた、隠れて暮らさなければならない人の態度に戻ってしまったことだ。私もそのときまでは、潜伏生活の持つ意味がよくわかっていなかった。でもその老人の様子を見て、いきなり胸にずしんと来たんだ。私が家の中に入ると、老人は唇に指を当ててささやいた。『シー……静かに、行儀よく話しなさい。ここの家の人たちは、とてもよくしてくれている。彼らを批判してはいけないし、質問をするのもだめだ』ってね。

「私はとても落ち着かない気分になり、そしてすべてを理解した。これこそが、隠れて暮らさなければならない人間の態度なんだ。物音を立てず、そして何よりも、自分の気持ちを完全に殺すこと。何も望まず、ただあるものをすべて受け入れる」

フランク家の人々は「隠れ家」に隠れていた。隠れ家は、アンネの父親の会社だったオペクタ商会の裏手にあり、本棚の後ろの隠し扉を通じて母屋《おもや》とつながっていた。オペクタ商会の社員たちのおかげで、フランク家と、一緒に隠れていたファン・ペルス家（『アンネの日記』では「ファン・ダーン家」と呼ばれている）と、フリッツ・プフェファー（同じく日記では「アルベルト・デュッセル」）は、数年間ドイツ軍に見つからずに隠れていることができた。私はアルベルトに、父親の同僚が、何らかの形で潜伏生活を助けてくれたことがあるか尋ねる。

「私の知るかぎりではなかったね」。アルベルトはかなり長い間考えてから、そう答える。「でも、お客さんの中には助けてくれた人もいた。さっき話したように、彼らの多くが、戦争が半分終わるころまではお金を融通してくれたんだ。毎月欠かさずに送ってくれた。でも、敬虔《けいけん》なキリスト教徒のお客さんがいて、その人の家に隠れさせてほしいと頼んだときは、その気がなかったのか、またはできなかったのかはわからないけれど、とにかく受け入れてもらえなかったんだ。もちろん言うまでもないことだけど、何かができるかできないかで、他人を判断してはいけない。

「父が解雇された直後、何人かのお客さんが大きな荷物を送ってくれたんだ。中にはタオルや布巾《ふきん》といった、家庭用のリネン類がぎっしり入っていたよ。『これだけあれば、戦争が終わるまでもつだろう』と言ってね。でも、あれは潜伏生活に入るすぐ前のことだったので、せっかくもらったものを、持っていくことはできなかったんだ」

私も潜伏生活ではたしかに不自由を経験したが、閉じ込められているという思いは一度も味わったことがなかった。実際に閉じ込められていなかったからだ。学校にも通っていたし、自由に近所を自転車で走りまわっていた。私はアルベルトに、そのことについて尋ねてみる。学校や自転車といった自由が、恋しくてたまらなかったはずだ。

「そうだな……人はたぶん、そういう状況になると、ただ生き残れればそれでいいと考えるんじゃないかな。だから生き残っている間は、何の不満もなかったよ」。アルベルトはそう言うとしばらく考え、そして実際に閉じ込められているという感じはしなかったと言う。

「ドイツ人につかまっていないというだけで十分だった。もちろん、ホーイにいたときは、たまになら外に出ることができてとても嬉しかったよ。私の記憶では、最初は私と姉の二人だけでラーレン村に送られたはずだ。両親のための場所がまだ確保できていなかったからね。ラーレンには九ヶ月くらい滞在した——一九四二年の八月から一九四三年の五月までだ。

「ラーレンに来るまで、私たちは二人とも、外に一歩も出ていなかった。青白い顔で、まるで幽霊みたいだったよ。そんな私たちを見た村の人たちは、みんな気の毒がって、お互いにこんなことを言っていた。『両親はすぐに来るべきだ。あの子たちは長くもたないだろう』ってね。それでも私は、閉じ込められているという圧迫感を感じたことはなかった——まったく一度もなかったよ」

「隠れている間、夜はぐっすり眠れたかい？」

「ああ、眠れたよ。眠れなくて困ったことはまったくなかった。寝るときの問題は、ベッドのノミだけだったね」

「夜の列車の音はどうだった？」

「ああ、そうだ。あの場所のことを忘れていたよ。ヒルフェルスムにあった家にも隠れていたことがあったんだ。あの家はすぐ隣が列車の線路だった。最初の何日かは、夜ベッドの中で、そばを通る列車の音を聞いていた。でもそれにもすぐに慣れてしまって、列車が通っても気づかないくらいになったよ」

「隠れている間、温かい食事は食べられたのかな」

「もちろん食べられたよ。たいてい夜は、いつも普通の温かい食事だった。戦争中の最後の冬——あの悪名高い『オランダの飢餓《きが》の冬』は違ったけれどね。あの冬は本当にひどかった。アムステルダムでは多くの餓死者が出た。でもあれは、地下に潜伏していたから食べ物がなかったわけじゃない。ホーイ地方でも、何も手に入らなかったんだ。しばらくの間は姉と二人で、食べ物をめぐんでもらうために近所を一軒ずつ訪ねて回ったよ。それでも手に入ったのはキャベツだけだった。だから一ヶ月半の間、キャベツと水だけで飢えをしのいでいた。

「母は寝るときになると、身体がひどく痛むとよくもらしていた。あばら骨が皮を突き破りそうなほど浮き出ていたよ。そこまでやせ細ってしまっていたんだ。でもありがたいことに、家族の誰も重い病気にはならなかった」

ユダヤ人の少年として、アルベルトも自分のバルミツバーを楽しみにしていたはずだ。私がそのことを尋ねると、アルベルトは顔を曇らせる。

「それはつらい話題だな」と彼は言う。「私のバルミツバーのときは、潜伏生活の真っ最中だったんだ。戦争中に私が泣いたのは、バルミツバーを行うはずだった日が最後だったよ。それからは、何十年も泣いたことはなかった。でも、『地下に潜る』というのはおかしな表現だよね。だって私は、屋根裏部屋に隠れていたのだから。まあ、それはともかく、昔からいつも私のバルミツバーに出席したいと言ってくれていた祖父は、あのときすでに亡くなっていた。殺されたのではなく、自然な死因でね。

「バルミツバーをやるはずだった当日、私は大きな紙を広げ、欲しいプレゼントの絵を描いていったんだ。いちばん上に描いたのは大きな自転車だった。自分の自転車は、ドイツ軍に没収されていたからね」

「それで、結局は何かもらったのだろうか」

「いいや、何ももらえなかったよ」

「何も？」

「そう、まったく何も」

## 森に隠れる

ここまで話を聞いて、私がもっとも強く感じているのは、戦争体験が人によってあまりにも大きく異なるということだ。違うだろうとは想像していたが、ここまで違うのはかなりの驚きだ。歴史的な出来事をどのように経験するかは、本当に人それぞれなのだろう。この時点で、まだじっくりと話を聞いていない人物はレニー・ダイゼントだ。ナネッテから聞いた話によると、レニーは戦争中、森に隠れていたはずだ。

その翌日、私はレニーと二人で話をする。場所は、アムステルダム川沿いにあるアムステルダイクだ。レニーの黒髪はきれいにまとめられていて、風が吹いてもまったく崩れない。二人のいる場所からはユトレヒト橋が見える。ときおり、眼下の川を小さな舟が通りすぎていく。近ごろでは、いたるところに大音量のスピーカーがあるようだ。電気的な重低音が川の堤防を越え、自動車の音もかき消している。

レニーは、かつてこのあたりで自転車に乗っていたことについて話す。

「冬になると、アンネ・フランクと一緒にスケートに行くこともあったわ。他にも何人かのクラスメートが一緒だった。場所はアンネの家の近くよ」と彼女は言う。「このアムステル地区ではなくて、今はリフィーレンビュールト（河川地区）と呼ばれている場所のほう。たしかジャクリーヌとハンナとナネッテも一緒だったはずだわ」

「そのころのことで、何かアンネにまつわる思い出はあるかな」

「そうね、とにかく私たちはよく笑ったわ。アンネの席は教室のいちばん前だった。左側の窓際ね——少なくとも、私が覚えているかぎりではその席だった。先生たちもアンネと一緒によく笑っていたわね。最初のうちは、アンネのことも普通のいい子だと思っていた。でも後になって、すごく特別な人なんじゃないかって思うようになったの。最初はクラスメートの一人にすぎなかったけれど、だんだんとみんなの注目を集めるようになっていったでしょう。あなたとアルベルトのことも、特別な人だと思っていたわよ。

「全体的に、あのクラスはとても楽しかったわね。ジャクリーヌも言っていたけれど、あのみんなの詩を集めたアルバムを読んでもわかるように、私たちはこの先にどんな運命が待っているのか、よくわかっていなかった。なぜユダヤ人だけの学校ができたのか、特に深くは考えていなかった。あの学校に通うのは戦争中だけだと思っていた。一時的なものだとね。戦争が終われば、みんな普通に戻るのだと信じていたわ」

「ユダヤ人に対する規制の中で、最初に経験したのは何だったか覚えているかな」

レニーはすぐに思い出す。「最初の規制は、黄色い星のマークをつけさせられたことね。それに続いて、ユダヤ人禁止の場所ができて、買い物ができるお店も限られるようになった――それに時間まで決まっていたわね。星をつけるようになる前は、そんなことはまったくなかったのに。

「もしかしたら、ラジオも没収されたかもしれないけれど、それはたしかじゃないわ。それから新しい身分証も発行された。あれは一九四一年だったはずよ。

「それに、自転車に乗るのも禁止されたと思うわ。いつも友だちと一緒に、歩いて学校に通っていたのを覚えているから。それにトラムに乗ることも禁止になった。でも、本格的に不自由な思いをするようになったのは、隠れるようになってからだったわ。私は見るからにユダヤ人だったので、本当に一歩も外に出られなかったの。息の詰まるような思いだった。潜伏生活に入ったのは平日で、たしか五月の終わりごろだった――両親と私の三人よ。三人でベートホーフェンストラートにある家に行き、両親はその家にとどまることになった。私は一人で、角を曲がったところにあるアパートに連れていかれて、そこで一夜をすごしたの。でも心配でたまらなくて、お腹もすごく痛くなってしまった。きっと精神的なものだったのね。

「その翌日、誰かが私を迎えに来て、一緒に電車でフェルウェ地区に向かった。もちろん、あの星はつけていかなかったわ。とても親切な一家のお世話になることができて、その家にはかなり長い間いることになった。でも、ついにその家にも、ドイツ軍の捜索隊がやってきてしまったの。きっと誰かが通報したのでしょうね、あの家にはユダヤ人が隠れてるって。ユダヤ人をかくまっていた他の家も、同じ目にあっていたわ。

「あの家ではいつも、床下のクローゼットのような場所で寝ていたの。といっても、床の下にクローゼットがあったわけではないのよ。部屋の一つにクローゼットがあって、そのクローゼットの床にはね上げ戸があったの。私はそのはね上げ戸から床下に降りて、そこで寝ていたというわけ。私が降りると家の人が戸を閉めて、戸の上にいくつか壺を置いていた。こうしておけば、まさか下で人が寝ているなんて誰も思わないでしょう。

「ドイツ軍がやってきたときは本当に怖かった。家の中に入ってきて、クローゼットを開けろと命令したの。『この中には他に何があるんだ』って、大声でどなっていたわ。もちろん私は、物音を立てないようにしていた。口も開けなかった。私が床下にいることは、ドイツ軍も知らなかったみたい。まさか床にはね上げ戸があって、下の空間にベッドが置いてあるなんて思わなかったのね。

「ドイツ軍が帰ると、私は一目散に逃げた——ものすごい勢いで家を飛びだして、一、二、三で、もう近くのライ麦畑の中にいたわ。畑の中に逃げたのは、麦の丈が高かったので、身を隠すにはちょうどよかったからよ。結局、ライ麦畑の中で数日間すごすことになった。食べ物と毛布を運んでくれる人がいたの。ありがたいことに、あれは七月だったから、気候には恵まれていたわね。

「その数日後、今度はクリーニング屋さんのバンに乗せられて、フェルウェのどこかに連れていかれた。深い森の中で、フィールハウテンとヌンスペートの町からそんなに遠くない場所だったと思うわ。驚いたことに、そんな森の奥深くにも、小屋が何軒か建っていたの。一つの小屋は、少なくとも全体の四分の三は地下に埋まっていて、うまくカモフラージュされていた。遠くから見たら、普通の人だったら家があるなんてまったくわからないでしょうね。そこでは二ヶ月くらいすごしたわ。

「ヌンスペートの人たちは、みんな私たちを助けてくれた。食べ物を届けてくれたのよ——野菜、パン、ジャガイモ、とにかくいろいろなものを持ってきてくれた。服も届けてくれたわね。ヌンスペートの人たちは、キャンプ暮らしの私たちの面倒を、本当によく見てくれた。彼らはあのキャンプのことを、後で〝秘密の村〟と呼ぶようになったみたいね。でもあの当時は、私たち自身は〝要注意のキャンプ〟と呼んでいた。もちろん、いつも警戒していなければならなかったからでもあるのだけど、それだけでなく、キャンプは実際に『Pas-op-weg』(要注意通り)という名前の道路の近くにあったのよ。名前の由来は、昔あの道に追いはぎが出て、森を恐怖の底におとしいれていたかららしいわ。

「フィールハウテンの村では、森の奥に隠れている人がいることは公然の秘密だった。森のキャンプには、ユダヤ人だけではなく、イギリス人やアメリカ人のパイロットもいたのよ。ロシア人とイタリア人も一人ずついたわね。

「後になって、軍を脱走したドイツ人も一人加わった。そのドイツ人がやって来た日のことは、まだ覚えているわ。あれは私がキャンプで暮らすようになってから、数週間たったころだったはずよ。もしかしたら数ヶ月だったかもしれない。ともかく、最初のうちは、ユダヤ人は彼がいることを喜ばなかったわ。でも結局は、私が他の家族と一緒に寝ていた場所で、彼も眠るようになった。そこにはベッドが六つあったの——正確には二段ベッドが三つだけどね。でも、気候がとてもよかったので、たいていはみんな外ですごしていたわ。

「しばらくすると、森のキャンプも安全ではなくなってしまった。誰かが密告したからよ。その数日前に、私はレジスタンスの人に連れられて別の場所に移っていた。十歳くらい年下の男の子と一緒に、自転車の後ろに乗せられて移動したの。そうやって次の隠れ先のエルブルフへ行き、そのまま終戦を迎えることになった」

たしかに、ナネッテの言う通りだった。レニーは森の中に隠れていた。ナネッテの話を聞いたときは、森の中と言っても普通の家に住んでいたのだろうと思っていたが、本当にキャンプのような生活をしていたようだ。私はレニーの話を聞きながら、有名なポーランドのパルチザンのことを思い出す。彼らは戦争中、森の中に自分たちで建てた小屋に隠れていた。

クラスメートたちと数十年ぶりに再会すれば、きっと思いもよらなかった話を聞くことになるだろう。たしかにそんな予想はしていたが、レニーの体験談は、私の想像をはるかに超えていた。

## 一通の手紙のコピー

「アンネは美人だったかな?」と、私はジャクリーヌに尋ねる。ジャクリーヌは作家で、長年にわたってアンネのことを書いている。だからアンネという人間について、いろいろなことを知っているはずだ。でも私は、あえて表面的な質問から始めることにする。

「典型的な美人というタイプではなかったと思うけれど、でもとても興味深い顔をしていたわね」。ジャクリーヌはそう言うと、今日の待ち合わせ場所に選んだメルヴェデプレインをじっと見る。

「きれいで、とても表情が豊かな目をしていた。誰が見ても美人という顔だったとは思わないわ。アンネの最後の写真、あの腕組みをして写っている学校の写真を見ると、どちらかと言えば不美人よね。でもあれは、あのころ歯の矯正《きょうせい》をしていたからなの。矯正器具のせいで、顔が広がってしまっていたのね。だから私はあの写真が好きではないのだけれど、今では世界中に広まってしまっている。アンネもきっといやがっているんじゃないかしら。もっときれいに写っている写真もあるのにね」

「それでは、アンネの性格はどうだろう。きみたち二人は似ていたのかな」と私は尋ねる。

「いいえ、全然似ていないわ。むしろ正反対だった。アンネは外向的で、私は内向的。そのせいで問題が起こることもあったわね。アンネは私に何でも話してほしかったようだけど、私は話したくなかった。アンネは一日中でもしゃべっていて、私にほとんど何でも話していたわ。アンネによると、私たちは親友で、親友だから何でも話さなければならないらしいの。でも私は、自分の話はそんなにおもしろくないと思っていたのよ」

「きみもアンネと同じくらい、映画スターに夢中だったのだろうか」

「アンネはコレクターだったわね。そして私の役目は、写真を切り抜いたり貼りつけたりすること。あの作業は実際に楽しかったわ。私が変だと思ったのは、アンネがドイツのUFA（ウーファー）映画のスターに夢中だったことよ。長い金髪が特に魅力的だったみたい。私にはまったく理解できなかったわ。彼女たちは、ナチスの映画に出演していた女優なのよ。だからいろんな新聞によく写真が載っていた。マリカ・レックとか、そういう人たちね。それから、ツァラー・レアンダーという女優もいたわね。彼女は金髪ではなかったけれど」

日記を読んだ印象では、アンネは活発で気の強い少女で、同じ年ごろの子供よりも自分を深く分析するところがあるように私には感じられる。キティーという空想の友人を作り、隠れ家ですごす日々のことを日記で報告していた。アンネから実在の人たちに送った本物の手紙は、ほとんど残っていない。隠れている間は、誰にも手紙を出せなかったのだから、それも当然のことだろう。それでも、ジャクリーヌに出した一通の手紙はまだ残っている。それはフランク一家がひっそりと隠れ家に移る前に、アンネが出したお別れの手紙だった。

　ジャクリーヌは老眼鏡をかけると、そのお別れの手紙を読みはじめる。手紙の全文は、ジャクリーヌの著書の『My Name Is Anne, She Said, Anne Frank（わたしの名前はアンネ。アンネ・フランクよ）』と『アンネとヨーピー』（邦訳：文藝春秋刊）にも掲載されている。差出人の署名は、「あなたの『最高の』友人、アンネ」となっている。そして追伸には、「また再会するときまで、私たちはずっと『最高の』友人だと信じています」と、希望に満ちた言葉が添えてあった。

「潜伏生活に入る直前にこの手紙をくれたのよ」とジャクリーヌは言う。「その前から約束していたの。私たちのどちらかがよそへ行くことになったら、必ず手紙を書きましょうって――でもアンネは、この手紙を出すことができなかったの。郵便で送ることも、誰かに頼んで届けてもらうこともできなかった。

「戦争が終わってから、アンネのお父さんが私のところに持ってきてくれたの。フランク家の二人の娘が帰ってこないことがわかると、ミープ・ヒースは、家に残っていた日記や、アンネが書いたものをすべてオットー・フランクに返したのね。そしてオットーは、そのとき私宛ての手紙を見つけたの。アンネが手紙をそのまま日記に書き写していたからよ。それに、日記には私宛ての手紙がもう一通ある。

「手紙の最初には、『手紙をありがとう』と書いてあるわね。私からの手紙への返事ということになっているけれど、でも私は手紙を出していないのよ。だって当時は、アンネがどこにいるか知らなかったから。アンネを知る人は、みんなスイスにいるものだとばかり思っていた。いなくなる前に、オットー・フランクがスイスの住所を書いたメモを残していったから――もちろん、それはわざとやったのよ。一家が潜伏生活に入ったことがばれないようにね。戦争の間ずっと、私はアンネがどこにいるかまったく知らなかった。だから手紙も出せなかった。でもアンネは、私への手紙を日記に書き写したときに、私から返事が来ると想像していたようね」

「最後にアンネと話したのはいつだったのだろう」と私は尋ねる。

「フランク家が隠れたのが月曜で、その前の土曜の夜ね。私たちは電話で話したの。あれはまったく普通のおしゃべりだったわ。あれが最後になるなんて感じは少しもなかった。たぶん、いつも通りのことを話したと思うわ――よく覚えていないけれど、宿題とか、学校とか、そういうことね」

前の日にジャクリーヌ本人から聞いていたので、彼女がかなり特殊な方法で迫害を逃れたことを、私はすでに知っていた。それはむしろ、母の無限の愛と、想像を絶する大きな勇気の物語と言っていいだろう。だから私は、もう一度その話をしてほしいとジャクリーヌにお願いする。

ジャクリーヌはほほえみ、両親の出会いの話から始める。そこからすべては始まった。

「父はアムステルダムのユダヤ人で、母はパリ出身のカトリック教徒だった。アムステルダムへは仕事で来ていたの」と彼女は言う。「母は父に会うと、すぐに恋に落ちたそうよ。最初のうちはオランダに住むのがいやだったので、父がプロポーズすると――父も母と同じくらい夢中になっていたの――フランスに逃げ帰ってしまった。でも父は母への思いを断ち切れず、ビジネスの拠点をパリに移したの。二人はパリで結婚したのよ。そして父の願いで、母はユダヤ教に改宗する。姉が生まれたのもパリだった。その後、父がオランダに帰りたくてたまらなくなり、一家でオランダに移ってきたの。そして、ここアムステルダムで私が生まれた。一九二九年のことね」

「戦争が始まる前に、お父さんがユダヤ人であることが問題になったことはあったのだろうか」

「母は自分の両親の反応を気にしていたわね。当時のフランス人はみんなそうだったけれど、母の父親が、ユダヤ人をあまりこころよく思っていなかったから。でも父は、母の両親とすぐにうちとけてしまったの。二人とも父のことが大好きになったわ。父のフランス語は完璧だったし、パリにも何年か住んでいたから、義理の両親との関係で問題はまったくなかったようね。たしかに、父がユダヤ人であることがたまに話題になることもあったけれど。

「あなたは驚くかもしれないけれど、実は父の家族の母に対する態度のほうが、ずっと大きな問題だったのよ。父の家族は厳格な正統派ユダヤ教徒で、カトリックの女性という存在が奇妙に映ったみたい。母はできるかぎりの努力をして、ユダヤ教の慣習を守るようにしていた——金曜の夜はテーブルクロスを敷いて、ロウソクを灯したりね。でも、オランダ語があまりうまくないこともあって、父の家族から完全に受け入れられることはなかったわ。幼い私の目から見ても、それは明らかだった。父の兄弟には娘が二人いたのだけど、彼女たちのほうが、姉と私よりもずっとかわいがられていたわ。とてもあからさまだった。奇妙に思うかもしれないけれど、問題はむしろユダヤ人のほうにあったのよ」

「きみ自身は、自分のことをどう思っているのだろう——ユダヤ人なのか、それともカトリックなのか」

「自分がカトリックという気持ちはないわね。家でカトリックらしいことはまったくしなかったから。でも、ユダヤ人という意識はたしかにあった——半分ユダヤ人というところかしらね。ときどきは、父と一緒にシナゴーグに行くこともあったわ。

「これはきちんと言っておいたほうがいいと思うけれど、母と結婚したとき、父はそれほど熱心なユダヤ教徒ではなくなっていたの。だから、ユダヤ教の戒律もあまり守っていなかった。でもそれは、後になってがらりと変わった。戦争中にとても熱心なユダヤ教徒になったのよ。そのせいで、母との仲も疎遠になってしまった」

「きみはお父さんとお母さんの、どちらとより親しかったのだろう」

「母はとても支配的な人だったわ。だから、私はいつも、母の望むことをやろうとしていた。でも、それは親しいというのとは違うわよね。大人になってからは、母の支配に抵抗するようになった。父は一九五二年に亡くなったの。戦後は夫婦仲がだいぶ悪くなっていたわね。そのころから、私は両親を避けるようになった――父のことも遠ざけていたの。たしかに複雑な事情よね」

「きみのご両親は、なぜ完全にユダヤ人とは言えないきみを、あの学校に通わせたのだろう?」

「ええ、たしかにそうね」とジャクリーヌは答える。「でも、昨日も言ったように、ドイツ人はそうは思わなかったのよ――これもまた複雑な事情ね。母はパリでユダヤ教に改宗した。そして一九二八年に、一家でオランダに戻ってきた。でもオランダでは、正統派ユダヤ教徒のコミュニティが、母を受け入れようとしなかった。パリのラビはリベラルすぎると考えていたからよ。

「父は姉と私をどうしてもユダヤ教徒にしたかったので、母のこともユダヤ教のコミュニティに認めてもらわなければならなかった。でもそうなるまでに、結局何年もかかってしまったの。父が最終的にどうやったのかは知らないけれど、とにかく一九三八年になって、母はようやく正式なユダヤ教徒として認められた。そして姉と私もユダヤ教徒になったの。父はとても喜んでいたわ。自分のためだけではなくて、フランスにいる自分の家族のためにも、ぜひそうしたいと思っていたから。

「でも、タイミングとしてはあまりよくなかった。一九四〇年には、もうドイツ軍がやってきてしまったものね。反ユダヤの法律ができて、自分の祖父母がユダヤ人かどうか申告しなければならなくなった。当時はまだ、祖父母の一人か二人しかユダヤ人でなかったら、反ユダヤ法は適用されなかった。でも、ユダヤ人のコミュニティに登録している場合は適用される。だからナチスは、姉と私をユダヤ人だとみなしたのよ。ユダヤ人中学校に通わなければならなかったのはそのためなの。実際は、祖父母の二人しかユダヤ人でないのだけれど。あれはかなり大きな問題の種になったわ。

「ある時点で、母は事態を呑みこんだの。あちこちで流れている噂のことも、本気で信じていたわ。そして、すぐに行動を起こした。高い地位にあるドイツ軍の情報部員に、『夫が勝手に私をユダヤ人として登録したのです。私はまったく知りませんでした』って、直接訴えたのよ。もちろん、それは嘘よ。でも母はそう言ったの。『だから子供たちもユダヤ人で登録されてしまっているのです。それをあなたに取り消していただきたいのです』って。母はそのとき、フランス語で話していた。わざわざフランス語のわかる高官を調べて、その人と会えるように手はずを整えていたの。自分の魅力を最大限に生かしていたわ。きちんとおしゃれをして、帽子もかぶって。相手の高官は、母の魅力にすっかり参っていたわね。

「ドイツ軍の高官はこう言った。『あなたの父方と母方双方の祖父母の、出生証明書と洗礼証明書を提出してもらえれば、今のお話を信じましょう。移送リストからお子さんたちの名前を削除することもお約束します』

「結局、母の祖父母の書類が揃うまでには、かなり時間がかかってしまった。南フランスから送ってもらわなければならなかったから。そこは当時、まだドイツに占領されていなかったの。でもなんとか揃えることができて、一九四二年の終わりには、私たちはもう黄色い星をつけなくてもよくなった。ユダヤ人コミュニティの登録も解除された。それで移送リストから名前が消されることになったの」

「お父さんもそのことに賛成だったのだろうか」

「母からこの計画の話を聞いたとき、姉も私も、父には絶対に話さないと約束させられたの。あまりいい気分ではなかったわ。父に内緒でそんなことをするなんていやだったから。でも、母の言葉に従うしかなかった。だから最後の最後で母がやっと話すまで、父はそのことをずっと知らずにいたの。そのときはかなり激しい口論になっていたわ。

「父は事態をかなり楽観的に見ていて、戦争はすぐに終わると思っていた。噂で言われているようなことは、ユダヤ人には起こらないと思い込んでいた。もちろん、今から考えれば、信じられないほど楽観的よね。そのころ母は、すでにガス室の話もしていたし、今でもはっきり覚えているのは、父の家族が訪ねてきたときにこう言っていたことよ。『すぐに隠れたほうがいいわよ。そうでないとつかまって、ガス室に送られてしまうわ』って、ほとんど叫ぶように言っていた。でも当時の私は、母が何を言っているのかよくわからなかった。まだ十一歳だったものね。

「父方のおじさんにあたる人は、昔から母のことをよく思っていなかった。だから母の警告を聞くと、はっきり言ったわ。『なにをばかなことを言っているんだ。そんなのはでたらめに決まっているじゃないか。私たちはもちろん召集に応じるつもりだ』ってね。おじの一家には、すでに召集の知らせが来ていたの。『もちろん労働はきついだろうが、ここで隠れて、もし見つかりでもしたら、本当に大変なことになるだろう。罰を受けるのは間違いない。罰とはつまり、死刑ということだ』。おじはそう言っていたわ。

「だから彼らは隠れなかった。そして、収容所から戻って来ることもなかった。父には二人の姉妹と三人の兄弟がいたのだけど、彼らとその家族で、収容所から生きて戻った人は一人もいなかったわ」

ジャクリーヌと私はしばらく口をつぐむ。そして私は言う――ジャクリーヌの命を救ったのは、間違いなく母親の大胆な行動だった、と。

「たしかにそうね。でも母の行動は、私たち姉妹だけでなく、父の命も救うことになったのよ。一九四三年からは、母のおかげで父も黄色い星をつけなくてもよくなったから。それから、そのころになると、アムステルダムにはユダヤ人がもうほとんど残っていなかった。街に残ったユダヤ人の妻たちは、ドイツ軍の命令で、不妊手術を受けさせられたの。もうこれ以上ユダヤ人が増えないようにするためにね。でも幸運にも、アムステルダムには偽の証明書を発行してくれるお医者さんが何人かいたから、父も発行してもらったのよ」

「ユダヤ教徒であることを真っ向から否定したお母さんの態度に、怒りを覚えたことはあるのだろうか」と私は尋ねる。自分の信仰を否定されるのは、かなり心にこたえるはずだ。

「いいえ、まったく腹は立たなかったわ。私の命を救うためだとわかっていたから。あれはとても恐ろしい時代で、星をつけなくてもよくなったときは、本当に心の底からほっとした。私がユダヤ人中学校に通っていたのは、一九四二年の一二月までだった。あのころはまだ、世の中の雲行きが怪しくなりはじめたばかりだったわね。労働キャンプに送られたのは、十六歳か十七歳の子供たちだけだった。それから、ドイツ軍が個人の家を襲うようになる。あれは本当に怖かった。うちにも来たらどうしようと、びくびくしていたわ。だから、ユダヤ人の登録を抹消してくれた母には、とても感謝しているの。父も最初のうちはとても怒っていたけれど、おかげで自分の命も助かったのだと、後になってわかったみたいだったわ」

## 「アンネ・フランクの家」を訪ねて

翌日の朝七時、レニーとナネッテと私は「アンネ・フランクの家」を訪ねる。私たちは事前に連絡をして、一般の開場時間より前に入れる許可をもらっていた。開場時間を過ぎると、いつも見学者が列を作っているので、混雑してしまうからだ。

現在、フランク一家が隠れていた家は、「アンネ・フランクの家」として博物館になっている。年間の見学者は一〇〇万人以上にもなり、ときには一時間に三〇〇人も訪れることもある。私は中に入るとき、ここを訪ねるのは初めてだったことを思い出す。たしかに遅すぎる訪問だ。

私たちは、アンネが隠れていた家の模型を見る。各階ごとに模型が作られていて、もちろん「隠れ家」もきちんと含まれている。レニーはもう一度日記を読もうと決心する。「一九四五年か四六年に、ミープ（・ヒース）と一緒にここへ来たの。オットー・フランクに会うためよ。まだここが博物館になる前のことね。博物館になってからは、特に見る必要はないと思っていたわ。だって、ただの『隠れ家』だったときに、来たことがあったものね」

レニーは、自分が森の中ですごした時期のことを回想する。そして有名な「隠れ家」の模型に目をやり、こうつぶやく。「街中で閉じ込められるほうがずっとつらいでしょうね。隠れ家の住人たちは、みんな折り重なるようにして暮らしていたもの」

私たちは手を取り合って、ゆっくりと階段を登る。オペクタ商会の古いポスターが壁に貼ってある。私たちはそれを見て、母親がジャムを手作りしていた時代を懐かしく思い出す。ペクチンはイチゴジャムを作るときに特に大切だということを、私はたまたま知っていた。なぜならイチゴに含まれるペクチンの量はあまり多くないからだ。リンゴやベリー類だったら、もとからたくさんペクチンが含まれている。人は生きていると、奇妙な知識を身につけるものだ。

次に入った部屋には、壁にアンネの日記からの引用が貼ってある。「『一九四二年七月一一日……わたしたちはすごく気を遣って暮らしています。だれかに物音を聞きつけられたり、ようすを気どられたりするといけないからです』」。レニーが引用を声に出して読む。「この日付は、アンネの誕生日の四週間後ね」とレニー。

「私もいつも、音を立てないように言われていたわ。どこに隠れているときもそうだった。フェルウェで森の中のキャンプにいたときでさえ、音にはずっと気をつけていた。

森の中には、格子状に防火帯が作られていたの。もし火事になっても、すべて燃えてしまわないようにするためよ。

「もちろんキャンプには規則もあった。森から出てはいけないし、防火帯を歩くのも禁止。誰かに見られる恐れがあったからよ。それから、森の中で大きな音を出すのも禁止。乗っていた戦闘機が墜落したために、私たちのキャンプで暮らすことになったイギリス人とアメリカ人のパイロットは、静かにしているのが特につらかったみたいね。それでも、私たちの状況は、アンネに比べればずっと楽だったと思うわ」


私たちはまた階段を登る。まずオットー・フランクのオペクタ商会のオフィスへ行き、それからオットーの私室へ行く。オットーの部屋は、一般には公開されていない。当時の家具がまだ置いてあるからだ。すべてが完璧な状態で、色は茶色で統一されている。

「アンネたちは、ここでBBCの放送を聴いていたのね」とナネッテは言う。彼女は小さな四角いラジオの前に立っている。ラジオの横には、額に入ったフランクフルトの写真が飾ってある。フランク家が元々住んでいた街だ。

「それで、あの有名なマロニエの木はどこにあるのかしら」。レニーはそう言うと、窓に向かってまっすぐに歩いていく。

「伐採《ばっさい》されたんじゃなかったかな」と私は言う。アンネの日記に登場する有名な木が内側から腐りはじめ、もうすぐ枯れてしまうだろうというニュースは、はるか遠くのイスラエルにまで伝わってきていた。

しかしレニーによると、切らなければならないかもしれないという話はたしかにあったが、結局は切らないことになったという。そして木をきちんと残すために、金属の板を巻きつけて補強したとのことだ。現在のところ、あの木の新芽を切り取って、時期が来たら同じ場所に植えて挿《さ》し木にしようという計画があるらしい。

「それはすばらしいアイデアね」とナネッテは言う。「でも私は、その木が大きくなるまで生きられないでしょうけれど」

私たちはマロニエの老木を眺める。ただアンネ・フランクがときおり眺めていたというだけで、歴史の遺産になった木だ。しかし当のマロニエの木は、そんなことはまったく知らずに立っている。

レニーは言う。「私も隠れていたときは、外を眺めるのが好きだったわ。自然がまた命を吹き返す春は、特に外を見るのが楽しかった」

私ならきっと泳ぎに行っていただろうが、今それは言わないほうがいいだろう。

次に私たちは、ジャムを作っていた部屋に行く。時代物のフードミル（ハンドルを回して果物を圧縮・裏ごしをする器具）や、器具を洗う布を眺める。「ウール用洗剤」

と、私は声に出して読む。それにスパイスの入った壺、秤《はかり》、そしてペクチンの入った瓶。

また別の部屋に入り、レニーが恐怖に満ちた瞬間のことを回想する。

「あのときは、オーステルウォルデ市のウィンテルダイクにある家にいたの。森のキャンプに移る前のことだった。とても親切な家族のお世話になっていて、日が沈んでからなら、ときどき散歩に出ることもできたのよ。

「ある日、家の中で、何かしなければならないことができたの。作業の人たちが廊下を忙しく行ったり来たりしていたから、私はずっと隠れていなければならなかった。姿を見られたら、隠れているユダヤ人だってすぐにばれてしまいますからね。暖炉とベッドの間にある、狭いすき間に隠れていたの。

「私は、作業の人たちから見られないように、何時間もそこに座っていた。ほとんど身動きもできなくて、すぐに足がつってしまったわ。

「しばらくして、何も音が聞こえなくなった。ドスンドスンという音も、呼吸の音も、話し声も、もう長いこと聞こえてこない。もう誰もいなくなったような気配だった――少なくとも今のところは。私は狭い隠れ場所で、ゆっくりと立ち上がった。そしてその瞬間、部屋のドアが開いたの。男の人が入口のところに立って、私のほうをまっすぐ見ているのよ。私はその人と目が合ってしまった。死ぬほどびっくりしたけれど、ありがたいことに、そのときは何事もなくすんだの。

「家の中で知らない人たちが作業をしたのは、あの日だけだった。ふだんは何でも好きなことができたし、庭に出ることもできたわね」

「自由な時間はどんなことをしていたの?」と私は尋ねる。

「学校の勉強をしていたわ。数学とか、英語とかね。それにドイツ語も勉強した。別の場所に隠れている両親から、手紙が来ることもあった。手紙は読んだらすぐに小さく破いていたわ。取っておいたら、余計な情報を誰かに教えてしまうかもしれないでしょう。親から子供への手紙が見つかってしまったら、それは死刑宣告と同じ。だから、取っておくことはできなかったのよ」

私たちは、「隠れ家」に通じる急勾配の階段を登る。重たい本棚をどかすのはなかなかの重労働だ――これも、事前に許可をもらっていたからできたことだ。本棚をどかすと、アンネ・フランクが隠れていた小部屋の入口が現れる。私たちは、アンネの両親と姉のマルゴットが寝室に使っていた部屋に入る。アンネの部屋はその隣だ。中がどうなっているかは、日記の描写からだいたいのイメージを持っていた。

壁には映画スターの写真が貼ってあり、現在は保護用のガラスが表面をおおっている。シャーリー・テンプルやグレタ・ガルボなど、私が知っているスターの写真もある。

る。レオナルド・ダ・ヴィンチの絵画の複製も飾ってある。

「シャーリー・テンプルね」とレニーが言う。「大好きな女優だったわ」

「『オーケストラの少女』という映画を覚えているかな」と、私はレニーに尋ねる。彼女は覚えていると答える。

次にレニーは、背の高さを測ったときにつけた壁の印を見にいく。この種の壁の印としては、おそらく世界でいちばん有名だろう。ナネッテと私もレニーに加わり、印を見ながら、アンネの背は低くなかったということで同意した。「一緒に学校に通っていたころのアンネは、もっと小さかったと思うわ」とレニーは言う。壁に残された印からはっきりと伝わるのは、窓を板でおおわれた隠れ家でも、アンネは普通に成長していたということだ。

一九四四年八月四日、ナチス親衛隊の諜報部《ちょうほう》であるSDがやってきた。カール・シルベルバウアー隊長が三人の捜査官を率いて隠れ家を捜索し、フランク一家の潜伏生活は終わりを告げることになる。数分間だけ荷造りの時間を与えられ、それから車で、ユーテルペストラートにあるSDの本部へ連れていかれた。すぐ近くには、ジャクリーヌの母親が家族の命を救うために、ドイツ軍の高官とかけ合った場所もある。一家はそこから、ウェテリンフスハンスにある留置所に連行された。そして八月八日の朝、ヴェステルボルク行きの列車に乗せられ、その先は「罰」として強制収容所に送られることになっていた。

フランク一家のことを通報した人物は誰なのか。それはまだわかっていない。倉庫の労働者の一人なのではないかという説もあったが、疑いをかけられた当人はずっと否定してきた。

隠れ家の上の階にある博物館には、アウシュビッツの写真も展示されている。実を言うと、これらの恐ろしい写真を見るのは初めてだ。今になってやっと、あの途方もない殺戮《さつりく》の規模が、実感をもって胸に迫ってくる。博物館では映画も上映していて、ハンナ・ホスラーも出演している。ハンナと再会してから二週間たった今、私はまたこうして、スクリーンに映る彼女の姿を目にしている。

アンネはヴェステルボルクからアウシュビッツへ送られた。アウシュビッツに到着すると、列車のホームで収容者の選別が行われ、アンネはガス室送りを免れた。そして数ヶ月がたち、病気ですっかり身体の弱ったアンネとマルゴットは、不潔で雑然としていたベルゲン・ベルゼンの収容所へ送られた。

映画の中のハンナが、収容所でアンネを探したときのことを話している。「もしアンネが、お父さんがまだ生きていることを知っていたら……」とハンナは言う。もし知っていたら、アンネは父親と会えるという希望を持ち、戦争が終わるまで生き残っていたかもしれない。ハンナはそう語っている。

ベルゲン・ベルゼンでのアンネは、チフスと、想像を絶する飢えに苦しみながらも、四ヶ月も生き抜いた。そして一九四五年の三月、解放のわずか数週間前に亡くなった。十五歳だった。

ナネッテはアウシュビッツの写真の前に立っている。そして、実際にその場所を知っているので、写真を見るのはとてもつらいと言う。アウシュビッツの記憶は、あまりにも強烈だ。

「それに、写真だってすべてを伝えているわけではないのよ」。ナネッテはそう言うと、顔を曇らせる。「あの空気、あの臭い、それに全体をおおうあの重苦しい雰囲気。写真は恐怖を写すことはできないし、音も伝わらない。ここにある写真を見ると、あのときの記憶が鮮明に甦ってくるわ。死体が山のように積み上げられていた。父はアウシュビッツで亡くなったの。母と兄は、アウシュビッツからよそへ連れていかれた。だから私は、たった一人であの場所に残されてしまった。

「収容所にいたほとんどの人と同じように、私も栄養失調でやせ細っていた。解放後に療養所に入ってからは、きちんと食事を取ることができたのだけど、数週間たっても体重なんてまだゼロに等しかったわ」

ナネッテはアウシュビッツの話を続ける。収容されていた人たちは、点呼のために並ばなければならなかった。ときに点呼は、数時間にも及ぶこともあったという。「自分の目で実際に見なければ、とても信じられないような光景というものが存在するの」とナネッテは言う。「戦争が終わりに近づいてくると——それに気づいたのは、上空を飛ぶ連合軍の飛行機の数が増えていったからよ——看守たちがどんどん落ち着かなくなっていった。水をもらうために並んでいたときに、看守に列から引きずり出されたこともあったわ。その看守は、私を銃で撃ち殺すつもりだったのね。でも、そのころの私は、もう何が起こっても平気になっていた。だって、たった一人になってしまっていたんだもの。父はすでに亡くなり、母と兄はよそに連れていかれてしまった。私がただぽかんとして立っていたので、その看守は、殺してもおもしろくないと思ったのでしょうね。ただ、それでもうっぷんを晴らしたかったのか、空に向かって一発だけ撃っていたわ」

後で私と二人きりになったときに、ナネッテは、まだ悪夢を見ることがあると打ち明ける。「あんな恐ろしい場所を、たとえ少しでも実際に体験してしまったら、誰でも心に傷が残るはずよ。あの恐ろしい記憶を、どうしても頭から消すことができないの。そして、思いもよらないときに記憶が甦る。もう私は、あの記憶とともに生きていくことを学ばなければならないわね。自分ではどうしようもないことだもの」

私たちはそれから、地下にある資料室へと向かう。「アンネ・フランクの家」のスタッフが、私たちに見せたいものがあると言う。彼女は、たくさんあるファイル棚の一つから、小さな丸い箱を取り出す。そして白い手術用のゴム手袋をはめ、ふたを開けると、中に入っている小さなノートを取り出す。ハードカバーのノートで、多くのページは空白のままだ。私は彼女の肩越しにノートを見る。彼女はノートをめくり、あるページを開いた。

「ああ」。私は思わず、ノートに書いてある文字を読みあげる。「フレッディ・コステル」。それは私の姉の名前だ。私は腰を下ろして、続きを読んだ。

親愛なるエディットへ
小さな愛の行い
思いやりのこもった優しい言葉は
しばしばいちばん小さな家に
いちばん大きな幸せをもたらします。
　　あなたのクラスメート、フレッディ・コステル

「ページの隅にも何か書いてあるね。『日付は忘れてしまったわ。ネズミがカレンダーをかじってしまったから。それでは、またね！』」

「それから、ここにはマルゴットが書いた詩もありますよ」。スタッフの女性はそう言うと、ノートのページをめくっていく。

「ところで、エディットとは誰なのだろう。姉のクラスメートだろうか」

「ええ、そう。彼女はエディット・ヤコブソンといって、お姉さんとはイエケル学校で同じクラスでした。ベルリンの出身で、だから最初のほうの詩はみんなドイツ語で書いてあるのね。それからアムステルダムに引っ越してきたから、新しいクラスメートが書いてくれた詩は、みんなオランダ語になっているというわけです」

「彼女はまだ生きているのだろうか」

「それはわかりません。実はモンテッソーリ学校時代のノートもあるんですよ。そこにあなたのことも出てきます」

そして私は、胸の詰まる思いで、その古いノートを眺める。美しい、小さなノートで、文字はすべてつけペンで書かれている。とても美しい手書きの文字だ。

それから私たち三人は、特別に許可をもらって建物の裏庭に出る。水草におおわれた小さな池に向かって歩いていくと、靴の下で砂利が音を立てる。博物館の入口にできた長い列からは、子供たちの笑い声が、優しい音となって私たちの耳にも届いた。

今日もまた、陽光にあふれたすばらしい一日だ。オランダの空がこんなに晴れわたるのは、とても珍しいことだ。周囲の家々の窓に日の光が降りそそぎ、そしてあの大きなマロニエの古木がすべてを見下ろしている。もし木にも感情があったら、この小さな老人たちは下でごそごそ何をやっているのだろうと、きっと不思議に思っていることだろう。

## ヴェステルボルク

ナネッテと夫のジョン、それに私の三人で、ヴェステルボルク収容所の跡地を訪ねる。第二次大戦中、ヴェステルボルクは、強制連行してきた人たちを一時的に留置する「通過収容所」として使われていた。現在、収容所の跡地は「ヴェステルボルク収容所記念館」になっている。かつてこの場所から、一〇万人ものユダヤ人とジプシーが、ドイツの強制収容所に送られた。

この収容所を造ったのは、実はナチスではなく、オランダ政府だった。その事実を思うと、私は今でもいたたまれない気持ちになる。第二次大戦が勃発《ぼっぱつ》する以前から、膨大な数のユダヤ系ドイツ人が、すでにドイツを逃れて外国に移住していた。移住先の外国の中には、自由を守る国だったオランダも含まれる。しかし、ドイツとの友好関係を壊したくなかったオランダ政府は、一九三八年一二月一五日に国境を閉鎖した。そして、今後はすべてのユダヤ人移民を不法滞在者とみなすと宣言する。ヴェステルボルク収容所は、そういった不法移民のユダヤ人のために建設された。そしてその数年後、収容所はナチスに引き継がれることになる。

私たちは、木々の間にある長い歩道を歩いていく。美しい緑色に輝く芝生を見ていると、まるで公園にいるような気分になってくる。一見したところでは、戦争中にここで起こった恐ろしい出来事を、思い出させるようなものは何もない。しかしよく見てみれば、たしかに戦争の痕跡はまだ残っている。たとえば列車の線路だ。かつてはこの線路を通って、多くの人たちがアウシュビッツへと運ばれていった。

「この線路のことはとてもはっきり覚えているわ」とナネッテは言う。「毎週、火曜日の朝に、ここからたくさんの人がよそへ送られていったの。あの人たちが嘆き悲しむ声は、今でも忘れられないわ。たぶん彼らは、何かとんでもない目にあいそうだと気づいていたはずよ。

「私が思うに、ユダヤ人のコミュニティを崩壊させたのは、まさにここにある線路なのよ。私たちユダヤ人の身体よりも、むしろ心をむしばんでいったのね。人々はだんだんと、聞かされている話が本当ではないと感づいてきた。送られる先は、労働キャンプなんかではない。だって、労働できないはずの子供と老人も送られていたんだもの。だからここにいた人たちが、恐ろしい運命が待ち受けていると直感したのも当然でしょうね」

私はナネッテに、ここに最初に来た日のことを覚えているか尋ねる。

「私がここにやって来たのは、一九四三年の九月二九日だった。アムステルダム駅から一般の列車で連れてこられたの。そして一九四四年の二月一五日に、私たちはベルゲン・ベルゼンへ移送された。今度もまた、特別列車ではなくて一般の列車だったわ。それは、私たち一家がパレスチナ証明書を持っていたからよ。ドイツ軍は、私たちを捕虜交換要員にするつもりだったの。

「ヴェステルボルクまで何時間くらいかかったのかは、よく覚えていないわ。覚えているのは、ここにあったバラックだけ──木は一本もなかった。今はとても美しい公園のように見えるけれど、当時は荒涼《こうりょう》とした場所だったのよ。バラックに、有刺鉄線の柵に、そして列車と不安。住む場所の状態もひどかった──すべが憂鬱《ゆううつ》な灰色だったわ。もちろん人はたくさんいたけれど、大半は完全に絶望していた。いつかよそに移送されるという恐怖におののいていた」

「きみが移送されると聞いたとき、家族の人たちはどんな反応だった?」

「とても心配していたわ。でも、できることは何もなかった。移送先はベルゲン・ベルゼンと聞かされていたから、少なくともここよりはましな場所だと考えるようにしたわ。ドイツ人たちは、ベルゲン・ベルゼンを〝スターのキャンプ〟と呼んでいた。赤十字に目をつけられないようにするためにね。ベルゲン・ベルゼンは、捕虜交換要員を収容しておく場所だったの。だから、収容所の中ではましなほうだと思われていたのよ。それでも、たしかに処刑は行われていなかったけれど、環境はやっぱり劣悪だったわね。だから結局、たくさんの人が亡くなってしまった」。ナネッテは見るからに、自分の言葉に動揺しているようだった。

「ヴェステルボルクではどんな食事が出たのだろうか」と私は尋ねる。

「食事の内容はよく覚えていないわ。ただ、オーブンの前に立っている自分の姿しか浮かんでこない。ここでは、自分たちで食事を作らなければならなかったのよ。何を作ったかは覚えていないけれど、小さなパンがあったことは覚えている。あのパンのおかげで、飢え死にしないですんだのよ。本当の飢えを経験するのは、ベルゲン・ベルゼンに行ってからだったわ」

私たちは花畑の脇を通りすぎる――ルピナスの花畑だ。明るい日差しを浴びて、不謹慎なほどに美しく咲き誇っている。

ナネッテが私の視線の先を追う。「六〇年もあれば、こんなに美しい公園に作りかえることもできるわよね。ヴェステルボルク収容所の面影なんて、まったく残っていないわ」

次に私たちは、懲罰に使ったバラックが建っていた場所へ行く。バラックは今でも建っているが、それが当時のものかどうかは、見ただけではわからない。それに正直なところ、建物が本物かどうかということは、私にとってあまり意味を持たない。二重になった有刺鉄線の柵の向こうに、いくつかの粗末な小屋が建っている。アンネ・フランクも、かつてここに入れられた。命令に背いて潜伏生活を送っていたために、懲罰を受けることになったからだ。

「アンネもきっと、アウシュビッツのほうがここよりもずっとひどいと聞かされていたのでしょうね」とナネッテは言う。「でも結局は、どちらでも同じだったわ。とんだ茶番よね」

バラックでの暮らしに、何か娯楽のようなものはあったのだろうか。

「ええ、少しはあったわね」とナネッテは答える。「記念館に展示されているものもあると思うわ。それに歌もうたったし、子供たちはいつも何かの遊びをしていたんじゃないかしら。ここの住人はしょっちゅう入れ替わっていたから、それを考えると、何かしらの団体行動ができたこと自体が驚きよね。それに私の記憶が正しければ、小包を受け取ることも許可されていたはずよ。

「そういえば、母はずいぶん早い時期からシラミに悩まされていたの。心底いやがっていたけれど、駆除する方法なんてなかったわ。それに予防も無理だった。シラミ用の薬なんてなかったものね。病気なら薬をもらえたかもしれないけれど、私は一度ももらったことがなかったわ――ほとんど意識を失いかけたこともあったのだけど。たぶんあれは、栄養失調の始まりだったのでしょうね。当時の私は十四歳だった――育ち盛りの子供だったのよ。

「身の回りのことでは、地面を掘っただけのトイレのことしか覚えてないわ。そこで用を足して、手を洗うの。衛生状態はお世辞にもいいとは言えなかった。だから母にもシラミがわいてしまったのよ。

「シラミのせいで着ている服を焼くように命令されたけれど、私は収容所にいる間、ずっと自分の服を持っていることができたの。それもパレスチナ証明書のおかげね。私はできるかぎり清潔でいようと努力したわ。服についたシラミを、手で取ったりしていた。シラミのような虫を、完全に予防するのは不可能だったわね。だからみんながシラミに悩まされていたのよ」

歩道からそう遠くない広場に、昔のバラックがまだ残っている。壁はコンクリートの板でできていて、つなぎ目のすきまが、ここからでもはっきりと見える。きっと冬には、すきま風が入って恐ろしく寒かっただろう。私の潜伏生活はあまりにも恵まれていた。申し訳なくて、そのころのことを思い出すのもはばかられるくらいだ。

一〇メートルほど先にある他のバラックでは、十一歳か十二歳くらいの子供と親たちの集団が、収容所での暮らしについてツアーガイドから説明を受けている。あの年ごろの子供たちが、こういう話に興味を持つということ自体、私には驚きだ。ガイドの話が終わる。私は子供たちに質問をしてみたくてたまらなくなり、ガイドから許可をもらう。

「きみたちも、きみたちのお父さんもお母さんも、まだとても若い。だからヴェステルボルクは、ただの歴史の中の出来事で、自分たちとは関係がないだろう。それなのに、なぜ遠くアムステルダムの中心地から、はるばるここまでやってきたのだろうか」

緑色のTシャツを着た少年が私を見上げ、かすかに訛りのあるオランダ語で答える。「第一に、ぼくたちはアムステルダムから来たのではありません」。そして少年は下を向き、ほどけた靴紐を結びはじめる。「そして第二に」という話の続きは、宙に浮いたままだ。

「ぼくたちはヘレーンから来たんです」と、別の小柄な少年がおずおずと続ける。そして背後の大人からせっつかれ、「興味がある」し「ためになる」と思うと認める。

しかし、ナネッテと私がアンネ・フランクのクラスメートだったと説明すると、そこにいた全員、あの靴紐の少年さえも、一斉に熱心な視線を私たちに向けてくる。私は、アンネも生きていたら私たちと同い年、つまり八十歳だとみんなに話す。そしてナネッテは、自分もベルゲン・ベルゼンへ移送される前に、ここヴェステルボルクに入れられていたと話す。ナネッテが収容所でアンネと会ったときの話をしているときに、大きなサングラスをかけたかわいらしい少女が、私たち二人の写真を撮る。

ナネッテが生き残ることができたのは、まさに奇跡的だ。保護者の一人がそう言うと、ナネッテもほほえんで同意する。

「本当にそうね」とナネッテは言う。「私が今ここにこうしているのは、奇跡のおかげでもあるでしょうね。信じられない人もいるかもしれないけれど、でもあれは、本当に起こったことなのよ。ここにあったのは、ただ人を殺すことだけを目的とする『殺人装置』だった。ただの戦争ではない、殺人装置です。この過去を忘れてはいけません。それに、現在の世界で起こっていることにも、興味を持たなければなりません。あの時代に起こったことは、絶対にくり返してはいけないのよ」

子供たちとの対話も終わりに近づき、私たちは別れを告げる。そこでガイドが、また別の話を始める――ヴェステルボルクの食事の話で、私たちも興味を持つ。きっとかなり粗末な食事だったはずだ。おそらくビーツばかりだっただろう。飢え死にするほどではなかったかもしれないが、それでもかなり貧しい内容だった。タンパク質はごくわずかで、もちろん肉なんか食べられるわけがない。

「一緒に写真を撮ってもらえますか」。青いTシャツを着た背の高い少女が、ナネッテに声をかける。そしてナネッテが返事をする前に、少女は私の白髪の友人の身体に手を回し、友だちにシャッターを押してもらって、写真の中で永遠の命を得る。

二人で歩きながら、ナネッテは話しつづける。この収容所については話したいことがたくさんあるようだ。それに広い場所なので、話す時間もたっぷりある。ここでは二段ベッドで寝ていて、とてもマットレスと呼べないような薄い敷物しかなかったこと。自分に与えられた役割は、収容所内の警備と、ドイツ人の手伝いだったこと。

「そのとき初めて、ドイツ人たちにも家族がいるということに気づいたの。愛する家族がいたのに、それでもあんな残虐な行為に手を染めることができたのね」

私たちは、トイレに使われていた小屋の横を通る。中に入ると、厚さが六〇センチほどもある巨大な石の板が、膝の高さくらいまで地面に刺さっている。石の板の間には、直径六〇センチほどの穴が掘ってある。

「これがさっき話したトイレよ」とナネッテは言う。「トイレと呼べるような代物《しろもの》じゃないけれど」。そして、激しい嫌悪をほとんど隠そうともせずに、石の板の周りを歩いていく。

「本当に、胸の悪くなるような場所だったわ。ひどく不潔で、下痢の大便が残っていたりして……」

私たちはすぐに次の場所に移る。彼女はふり返り、最後に一目だけ、さっきのバラックを見る。

あたりには無数の鳥がいて、大きなさえずりが聞こえる。歩道の両側には芝生が広がり、子供たちが座って、先生やガイドの話を聞いている。

ナネッテが記念碑を見たいと言ったので、今私たちはそこに向かっている。

「ここにいた間、知り合いに会ったことはあったのだろうか」。かつて点呼が行われていた場所に立つ芸術作品の前まで来たときに、私は尋ねる。「たとえば、クラスメートとか」

その芸術作品は記念碑で、一〇万二〇〇〇個の石でできている。一〇万二〇〇〇という数字は、ヴェステルボルクや移送先の収容所で亡くなった人々の数だ。

「クラスメートには会わなかったけれど、知り合いには会ったわ。でも私たちは、ほとんど自分のことしか考えられなかった。私たちはひどい状況に追いこまれ、時代も先の見えない不安に包まれていた。毎週、誰かの名前が呼ばれ、どこかよそへ移送されていった。いつ自分の名前が呼ばれるかと待っているときの気持ちは、簡単には想像できないでしょうね。移送されたら、もう戻ってこられないのよ」

「強制収容所や処刑のことは何か聞いていた？」

「いいえ。私たち子供は何も知らされていなかった。両親は知っていたのかしら……正直なところ、私にはわからないわ。もしかしたら知っていたかもしれないわね。べルゲン・ベルゼンへの移送には、とりわけ抵抗が強かったから。パレスチナ証明書をもらうというのは、父が勤めていた銀行のアイデアだった。そうすれば従業員とその家族の命を守れるかもしれないと考えたからよ。登録申請の期間はごく短かったし、選ばれた人しか登録できなかった。でも実際のところ、証明書があってもなくても、そんなに変わらなかったと思うわ」

## 記憶を消し去る

私たちはヴェステルボルク博物館に到着する。収容所の模型を見ながら、ナネッテが自分のいたバラックを教えてくれる。模型には、さっき通ってきたトイレもある。「今こうやって見てみると、脱走もそんなに難しくなかったのではないかと思うわ」とナネッテは言う。「でもあの当時は、それにまったく気づいていなかった」

バラックは、女性用、男性用、学校、病人用など、目的別に分かれているようだ。「サービス・プレイス（事務所）、プライベート・ビルディング（私用の建物）」と、私は英語の説明を読みあげる。

「それから、あっちは孤児院よ」とナネッテが教えてくれる。「トゥルース・ワイスミュレル＝メイヤーという女性の話は、聞いたことがあるかしら。彼女は直接ゲシュタポのところへ行って、この収容所にいる小さな子供たちの窮状《きゅうじょう》を訴えたのよ。子供たちは、自分が誰かもわからないし、もちろんどこにいるのかもわからなかった。たぶん、ドイツ軍につかまった両親と一緒に連れてこられたのでしょうけど、書類が残っていなかったのね。だから、ドイツ人からは『身元不明児』と呼ばれていたわ。首から『身元不明児』と書かれた札をぶら下げていたの。

「そこでトゥルースは、ゲシュタポのところへ行ってこう言ったの。『あの子たちは、ドイツ軍の兵士とユダヤ人の女性の間に生まれたのです。あなたたちの血も流れているのだから、死の収容所に送ることはできないはずです』って。ゲシュタポが彼女の話を信じたかどうかはわからないけれど、とにかくあの子供たちは、ここヴェステルボルクからどこにも移送されなかった。最後にはベルゲン・ベルゼンへ送られて、そこからチェコのテレージエンシュタットにあったユダヤ人ゲットーに送られたそうよ。（このゲットーは、ドイツから生きることを許可された特権的ドイツ系ユダヤ人だけが暮らせる場所だった）。あの子たちのうち、四八人か四九人が生き残ったはずよ。そのうち三十人は、後で消息が確認されたの」

この救済作戦の前にも、トゥルース・ワイスミュレル＝メイヤーはすでに数千人のユダヤ人の子供の命を救っていた。占領が始まる前から、子供たちを難民としてイギリスに送っていたのである。

「そしてここが、点呼が行われていた場所。彼らが人数を確認する間、私たちはずっと〝気をつけ〟をして立っていなければならなかった。一列に五人よ。点呼は永遠に続くかと思われるほど長かった。それに、回数も必要以上に多かったわね。なんで私たちの人数をあんなに確認する必要があるのか、私にはまったく理解できなかったわ。わざわざ数え直すこともしょっちゅうあったのよ。きっと列車にできるだけ詰めこむために、人数を確認する必要があったのでしょうね。今から思えば、信じられないことじゃない？　すべてがまるで、何かの一大事業のように進められていたのよ。

「戦争が終わると、私はサナトリウムに何年も入院することになった。そして入院中に、アウシュビッツからやって来た女の子と知り合ったの。ガス室に入れられたちょうどそのときに、収容所が解放されたそうよ。ソ連軍の兵士が、その子をガス室から連れ出してくれたの。責任者はすでに逃亡していたか、そうでなければ逮捕されたのでしょうね。ガス室に入れられてから助かった人では、もう一人、ポーランド人の女性の話も聞いたことがあるわ。彼女の場合は、ドイツ人に連れ出されたの。ガス室に入れた人数が多すぎたという理由でね」

案内を読んだところ、ヴェステルボルク収容所を現在のような博物館に作りかえたのは、この収容所の生存者であるラルフ・プリンスという人物だ。

私はナネッテに、収容所に入れられていた人たちについて尋ねる。彼らはだいたい、どんな外見だったのだろうか。

「ベルゲン・ベルゼン？　それともヴェステルボルク？」

「場所によって違いはあるの？」

「ベルゲン・ベルゼンのほうは、いくつかの区分に分かれていたの。一つの収容所というよりも、むしろ別々の小さな収容所が集まったような場所だったわ。私はそこにいる間、一度も制服を着たことがなかった。シャワーはいつも冷たい水しか出なかったけれど、囚人番号の入れ墨をされることも、髪の毛を剃られることもなかった。いつも自分の服を着ていられたわ。

「他の人たちは制服を着ていた――あの縦縞の囚人服よ。私が昔からずっと縞模様が大嫌いなのは、きっとあの制服のせいね。収容されている人たちは、みんな地位が決められていたの。労働に割り当てられた人たちもいたわ。いちばん地位が高いと思われていたのは、台所での仕事の担当になった人たち。台所で働いていれば、気まぐれで撃ち殺されることはなかったからなの」

「きみの外見はどうだったのだろう」

「終戦のころには、まるで骸骨みたいになっていたわ。お尻の骨なんか、皮膚を破りそうに突きだしていた。サナトリウムに入ってしばらくしてから体重を量ったら、そのときでもまだ三二キロしかなかったのよ。その前はもっと軽かったということよね。

他の女性と同じように、栄養不足のせいで生理も止まっていた。女性の生理は出産のためにあるのだから、私たちのような女性は、出産できるような身体ではなかったということね。記憶に間違いがなければ、生理が再開したのはたしか一七歳のときだった。すべてが元通りになって、子供を産めるだけの体重に戻るまでに、一年以上もかかってしまった。あなたにこんな話をするのは、当時の私の状態がよくわかってもらえると思ったからよ」

そのとき私は、以前に読んだ、収容所が解放されたときの話を思い出す。収容されていた人たちは、ただ痩せこけていただけではなく、食べ物が極端に少なかったせいで、胃も小さくなってしまっていた。そんな状態で急に飲み食いしたら命の危険もあるのだが、当人たちも、解放した兵士たちも、そんなことは知らなかった。解放直後、せっかく連合軍の兵士から肉やパンや水を与えてもらったのに、それらを食べたせいですぐに死んでしまった人たちはたくさんいる。彼らの身体が、食べ物を消化できるような状態ではなかったからだ。本人にとっても、食べ物を与えた人にとっても、なんと悲しく、恐ろしいことだろうか。

ナネッテは、自分が生き残ることができた理由を、どのように考えているのだろうか。私がそれを尋ねると、彼女は首を横に振る。「その質問に答えられる人は、誰もいないと思うわ。なぜ、どうして……。私もいろいろな病気にかかった。紅斑熱《こうはん》なら普通は治ることになっているけれど、私は胸膜炎と結核にもかかって、それでも奇跡的に生き残ったの。きっと生まれつき丈夫だったのでしょうね。家族からもうだめだと思われたことも何度かあったけれど、そのたびに回復することができたの」

「アンネも身体がもっと丈夫だったら、もしかしたら生き残れただろうか」

「それは誰にもわからないわね。でも、私はむりだったと思うわ。収容所で会ったアンネは、痛々しいほど衰弱していたから。チフスはとても恐ろしい病気で、身体がボロボロになってしまうの――あんなに弱っていては、とても生き残ることはできなかったでしょうね。それに、アンネが生き残れなかったのは、生きる意志が弱かったからだとも思わない。だって、当時の私たちは、誰もが生き残りたいと思っていたもの。みんな最後まで希望は失わなかったわ。だから、アンネもみんなと同じように、生きたいという強い気持ちがあったはずよ」

「終戦直後は、今のような話をすることはできたのだろうか」。私は用心深く尋ねる。

「いいえ」。ナネッテはきっぱりと答える。「イギリスに移ってからは、家族と話すこともできたかもしれないけれど、そういう話はしなかったと思うわ。戦争のことは早く忘れたほうが私のためになる、心も身体も早く回復できると、家族は考えていたのでしょうね。だから私は、戦争のことについては、誰にも話さず、自分だけで処理しなければならなかった。心のケアを提供してくれるような施設もなかったしね。あのころは、自分でなんとかするしかなかったのよ。

「あの恐怖と不安の時代からは、すべての人が、それぞれ独自の形で影響を受けたと思うわ。多くの人は、きっともう思い出すのもいやになって、『もういい。すべて忘れてしまおう。戦争のことはもう一切話したくない』という気持ちになったのではないかしら。すべてを忘れて、何事もなかったかのように人生を歩んでいけると考えたのね。記憶を消してしまったほうが、楽に生きられるって。

「でも私が思うに、人間の脳には消去ボタンはついていない——ただ記憶することしかできないのよ。そして、思いもよらないときに、急にあることを思い出したりする。それぐらい記憶は、脳に深く刻まれている。きっと私だけでなく、誰もが同じだと思うわ」

博物館で、私たちは許可をもらい、スタッフに付き添われて資料室に入る。そして、何列も並んだ棚の間を、ゆっくりと歩いてまわる。書棚の数は、平均的な大学図書館の語学コーナーと同じくらいだ。ガイドがある棚の前で立ち止まり、資料の中から、名前が書かれたリストを取り出す。彼はそれをナネッテにわたす。受け取ったナネッテは、数分のうちに自分の名前を見つける。言葉ではとても言い尽くせないようなあの時代は、たしかに存在したのである。それを示す形のある証拠として、ナネッテは許可をもらい、リストのコピーを持ち帰る。

# 第3部

# 戦争が終わって

十七歳のとき

四月に入り、連合軍が近づいているというニュースがラジオを通して伝わってきた。連合軍はどこにいるのか、人数はどれくらいなのか、実際はどうなっているのか、いつここにやって来るのかといったことはよくわからなかったが、とにかく何かが起こっていることは間違いなかった。

その同じ月のある日、何の前ぶれもなく、昼間に一台のオートバイが近所を走りぬける音が聞こえてきた。オートバイなのだから、乗っているのはカナダ人に違いない。というのも、当時、特に終戦間近の時期になると、ドイツ人しかモーターのついた乗り物に乗ることができなかったからだ。連合軍はオランダの上空をすでに制圧していた。そして上空から地上を監視し、ドイツ軍と思われる車両を確認すると機関銃を発射していた。

しかし、聞こえてくるのはオートバイの音だけで、機関銃の音も戦闘機の音も聞こえてこない。オートバイは攻撃の対象になっていない——地上からも撃っていないし、上空からも撃っていない。そのオートバイは、ズウォルセウェフを走っていた。ズウォルセウェフはズウォレからアペルドールンに続く長い道路で、沿道には小さな村が点在している。

あれは、一九四五年の四月一七日だった。

オートバイに乗った一人のカナダ人——たった一人の男が、どこか遠くで、オートバイに乗っている。

私は彼の姿を見なかった。彼は幹線道路を走っていて、私は脇道のほうにいたからだ。ただ、かすかに音を聞いただけだ。遠くから響くモーター音に混じって、人々の歓声も聞こえてくる。あれは解放だった。遠くからかすかに聞こえるオートバイの音は、まさに自由の音だった。

あのときの私たちは、計り知れないほどの解放感と安堵感を覚えていた。これ以上すばらしいことがあるだろうか。あの、果てしなく続くかと思われた苦しい戦争が、ついに終わりを迎えたのだ！　この上なくすばらしく、天にも昇る気持ちだ。あのとき私たちは、きっと嬉しさのあまり踊り出していたはずだ。もし物が豊富にあったら、きっと史上最高のパーティを開いていたことだろう——パーティは何日も、いや何ヶ月も続いたはずだ。しかしあの当時、私たちは何も持っていなかった。

オートバイの音が聞こえたあの日から、ときどきカナダ人たちから白パンをもらえるようになった――白パンなんて、もう何年も見ていなかったし、もちろん食べてもいなかった。それに彼らは、チョコレートをくれることもあった。あれはまるで、解放者たちが、ちょっとした宴会まで開いてくれているような感じだった。しかし、あの悲惨な年月のことを思えば、どんな食べ物でもすばらしくおいしくて、「ちょっとした」どころか大宴会に感じられたものだ。

あの解放後の喜びに満ちた数週間に、戦争中にドイツ兵と「親しかった」女性たちの姿を見かけることもあった。彼女たちは、道のまん中に引きずり出され、公衆の面前で頭を剃られていた。

解放のすぐ後で、私たち一家はファッセンのはずれにある家を与えられた。木造の家で、戦争中はオランダ・ナチ党（ＮＳＢ）の党員が利用していた。父も戻ってきて家族が再会し、数ヶ月の間その家で暮らすことになる。その間、父はときどきアムステルダムまで出かけ、街の様子や、以前に住んでいたアパートの状態を確認していた。アムステルダムは、いったいどうなっているのだろうか。私たちは、それを知るのが怖かった。あの戦争の後では、もう何も残っていないと覚悟するしかなかったからだ。

ナチスに占領されていた間、ピュルスという引っ越し業者が、逮捕されたユダヤ人、または逃亡したユダヤ人の家に残された家財道具を、すべて撤去するよう命令を受けた。そうやって集められた家具や、その他の個人の持ち物は、ユダヤ人以外の家庭に配られたり、ドイツに送られたりした。まもなくして、そのような撤去作業は「ピュルスする」と呼ばれるようになる。私たちのアパートはピュルスされていなかった。お隣のファン・ストラーテンさんが、戦争の間ずっとうちの家賃も払っていてくれたからだ。

戦争初期のころ、うちのアパートにはもう誰も住んでいなかったが、それでも父は家賃を払いつづけていた。しかし時がたつにつれて払わなくなり、請求書も送られてこなかった。

そして解放後、父はまだアパートのカギを持っていた。かつて住んでいた場所を訪れたとき、父はきっと、大きな驚きと喜びを覚えただろう。わが家が戦争を無傷で生き残っただけでなく、誰かがカギを壊して押し入った形跡も、まったくなかったからだ。以前のカギを、そのまま使うこともできた。家具がすべて残っていただけでなく――ほとんどの家具はとても重くて頑丈だった――、銀製品や食器も、すべてそのまま残っていた。写真のアルバムも、本棚の中の以前と同じ場所に並んでおいてある。

これは本当に、信じられないほどすごいことだ。逃亡したユダヤ人が残した家が、略奪にあってもぬけの殻になったという話は、それこそ数えきれないくらいあったからだ。ドイツ軍も毎日のようにユダヤ人の家財道具を没収していたが、それだけでなく、逃亡したユダヤ人の隣人や知り合いも、残された家から勝手に家財道具を持ちだしていた。ナチスに占領された街では、アンティークの時計が一つあれば、二日分の食料が手に入る。そんな場所で自分の家を空けておいたら、無傷で残っていることなどとても期待できないだろう。

両親の結婚証明書も、当局に発見されていなかった。私の父と母は、伝統的なユダヤ教の結婚式を行っている。その証明書を見れば、私の祖父母は、二人ではなく四人ともユダヤ人であることがすぐにわかってしまう。もし結婚証明書がドイツ軍に発見されていたら、他のユダヤ人と同じように、間違いなく私の身分証にも「J」のスタンプが押されていただろう。

そして、私の潜伏生活もまったく違うものになっていたはずだ。学校にも行けず、自転車にも乗れず、外にも出られない――それどころか、もし身分を偽っていたことがドイツ軍にばれて、潜伏場所を発見されていたら、いったいどうなっていたことか。そんなことは、恐ろしくて想像もしたくない。

## ガラスの棺

私たちが通ったモンテッソーリ学校は、当時の姿をほぼそのまま残している。三〇年代の典型的な建物で、現在は「アンネ・フランク・スクール」と名前を変えている。ナネッテ、レニー、私の三人は、建物を丹念に見て回る。私が小学生時代をすごした教室の隣にある壁は、まったく当時と変わっていない。表面は色ガラスの小さな粒でおおわれていて、手でなでると不思議な感触がする。

記憶が自然と甦ってくる——楽しい記憶だ。たとえば、オランダ王家に女の子が誕生したことを祝って、おやつにアニスの実をふりかけたオランダラスクが出てきたこと。そのときに誕生した女の子が、現在のベアトリクス女王だ。全国のすべての学校が、このオランダ式のおやつで祝賀ムードにひたったものだ。

昔と違うのは、学校の入口にかかげられた看板だ。そこには、戦争で命を落としたこの学校のユダヤ人児童たちの名前がすべて書いてある。中でももっとも有名なのが、アンネ・フランクと姉のマルゴットだろう。

レニーは、名前のリストがとても長いという感想をもらす。それぞれの名前の下には、その児童が亡くなった収容所の名前と、亡くなった日付も書かれている。

「亡くなった日付を見ると、アウシュビッツとソビボルに送られた子供は、すぐにガス室に送られたことがわかるわね」とナネッテが言う。

「このリストにも、アンネ・フランクが一九四五年に亡くなったと書いてあるね。解放の直前だ」と私が言う。

「それに、解放の直後に亡くなった人もたくさんいるのよね」とレニーが言う。「前に教わっていた先生に聞いたんだけど、もしアーネムの戦いで連合軍が勝っていたら、ベルゲン・ベルゼンの囚人は全員助かったかもしれないそうよ。私もたぶんそうなっただろうと思うわ」

「ベルゲン・ベルゼンの全員が？」とナネッテ。どうやらあまり信じていないようだ。

「そうね、少なくともかなりの人は助かったはずよ。たとえば、私のおじさんとおばさんは助かったと思うわ」

そして私たち三人は、みんな同じことを考える。それから、このあたり——リフィーレンビユールトに住んでいた子供たちのうち、ユダヤ人は全体の何割ぐらいだったのだろうかと話し合い、たぶん二割か三割ぐらいだろうという結論になる。

私たちはあたりを歩いてまわる。学校の敷地に生えている木は、かなり大きく成長している。

私は探していた砂場をやっと見つける。ナネッテとレニーが、自分たちが学んだ教室について、改修されて新しくなった、もう建物が取り壊されてしまったというような話をしているときに、明るく元気な歓声があたりに響き渡る。校庭は子供たちでいっぱいだ。みな笑ったり、叫んだりしている。誰かが私たちのほうに向かって「おじいちゃんとおばあちゃんがいる！」と叫ぶ。それからいきなり追いかけっこが始まったかと思えば、今度はまた叫び声を上げる。

私たちは幼稚園の教室に入り、窓から外をながめる。そしてしばらく、学校の敷地内を歩いて回る。アルベルトとジャクリーヌも来られればよかったのだが、残念ながら都合がつかなかった。

とはいえ、三人という数は、小さな子供たちばかりの教室で話すにはちょうどいいのかもしれない。四人になったら、私たちの年齢を合計すると、子供たちの年齢の合計よりも大きくなってしまうだろう。私はそんなことを考えながら、教室に入っていく。

担任の先生が私たちを元気に迎えてくれる。そして私たちは、アンネ・フランクの元クラスメートだと、子供たちに向かって自己紹介をする。

「みんな、これはすごい偶然よね」と、先生が子供たちに言う。このクラスでは、ちょうどアンネ・フランクが生きていたらどんな姿になっているかを考えていたところだという。

「その答えは簡単だよ。おばあさんだ！」と、私は笑いながら言う。そのとき、教室にずっと昔に使っていたような、古い勉強机があることに気づく——椅子と一体になった小さな机だ。私がなんとか身体をねじ込むと、ちょうどぴったり収まる。

「みんなが考えたアンネは、髪の毛が白くて、少しだけしわがあるのよね」と先生は言う。「まだアンネをどこかで見ることはできるかしら?」

子供の一人が立ち上がる。「アンネはガラスの棺《ひつぎ》の中に寝ています。棺の上にはお花がたくさん飾られています」

「それは少し違うわね」と、レニーが小声でつぶやく。

「そうだったらすてきね」と先生は言う。「でも、授業ではまだそこまで行ってないわね」

先生はメルヴェデプレイン時代のアンネの写真を見せる。

それから私は、ユダヤ人中学校の思い出と、アンネの誕生パーティの話をする。あの、みんなで映画を観たパーティだ。金髪の男の子が熱心に鼻をほじっている。そして、口をぽかんと開けて収穫物を子細《しさい》に観察すると、満足そうに口に入れる。

「何の映画を観たんですか?」と女の子が尋ねる。どうやら今は、リンチンチンに代わるヒーローが登場しているようだ。

ハンナという、長い金髪で利発な女の子が、私たちにどうしても尋ねたいことがあるようだ。

「アンネはおもしろい子でしたか?」とハンナは尋ね、それからもっと具体的に言い直す。「アンネはいい子でしたか?」

「おもしろくていい子だったよ」と私は答える。「私はアンネと友だちになりたくてたまらなかった。ときどき一緒に、自転車で学校に行くこともあったんだ――二人だけで、横に並んでね」

「気の強い子だったという話も聞いたことがあったんです」

「そうね、たしかに気の強い子でもあったわ」とレニーが言う。

「そう、ときどき順番を無視して発言していたね」と私も言う。

「あら、なんだかどこかで聞いたことがあるわね」と、先生も笑いながら言う。

六歳のクラスから、次に向かったのは一二歳のクラスだ。私たちの話が終わると、一人の少年が、黄色の星をつけているときに変な目で見られたことはあるかという質問をする。

「いいえ」とナネッテが答える。「変な目で見られたことはなかったと思うわ。あの星は今でも持っているのよ。もちろん、強制的につけさせられたのはとてもいやだったけれど」

「でも、またあの星を見るのはつらくないですか？　いやな気分になりませんか？昔のことを、また思い出してしまうのではないですか？」と一人の少女が尋ねる。

「もちろんそうね。でも、問題はあの星だけではないのよ」とナネッテが言う。そしてナネッテが言葉を続ける間もなく、別の質問が次々と飛んでくる。自分の家の中にドイツ軍が入ってきたことはありますか？　アンネには友だちがたくさんいましたか？　アンネの日記についてどう思いますか？　ユダヤ人だから奪われたものの中で、いちばん大切だったものは何ですか？

「それは自由ね」。最後の質問に対して、ナネッテは即座に答える。ナネッテが収容所にいたことを知ると、子供たちはナネッテのすべてを知りたがる。彼女はベルゲン・ベルゼンでの体験を話して聞かせる。収容所にいるときは、できるかぎり労働から逃げようとしていた。彼女はまだ子供だったが、凍えるような寒さの中で、よくバラックの外壁の修理をさせられていた。しかしそれ以外で、外での仕事を言いつけられることはなかったという。

再び学校の外に出ると、私たちは三人とも頭が少しくらくらしている。子供たちに質問攻めにされたからだ。

ナネッテと私はレニーに別れを告げる。レニーと私は明日も会うことになっている。そして、ナネッテと私は二人になると、日の光が当たるベンチを見つけて腰を下ろし、静かに話を続ける。

前に聞いた話では、ナネッテは解放直後、身体の具合がとても悪くなっていた。彼女はどうやってそのつらい時期を乗り越えたのだろうか。そこで私は、戦争が終わってオランダに戻ってきたときのことをナネッテに尋ねる。

「ドイツからは飛行機で戻ってきたの。あのころは、イギリス空軍が、健康に問題のある少女の移送を担当していたのよ。今から思えば、列車ではたどり着く前に死んでしまうという判断だったんでしょうね。飛行機はアイントホーフェンに到着した。まず受付センター代わりに使われていた学校へ連れていかれ、次にサントポールトのサナトリウムに入院したの。そのサナトリウムは、精神病院の敷地の一部を借りてできた場所だった。一九四八年の五月になって、やっと退院することができたのよ。

「退院後はベネコムに移り、弟の世話をしていた看護師にずっとついてもらっていた。森の中にあるお城の敷地に住んでいたの。まだ身体を休めなくてはならなくて、午前と午後に、二時間ずつしか起きることができなかった。そしてついに、完全に回復したというお墨付きをもらえる日がやってきた。そこでやっと、普通の生活を送れるようになったのよ。実は一九四六年の一二月に、すでに一度ロンドンの親戚を訪ねていたの。そのときは六週間の滞在だった。そして一九四九年の四月、今度は永住するためにロンドンに渡ったのよ」

私は次に、ナネッテもオットー・フランクの訪問を受けたのか尋ねる。終戦後、彼は何人かのアンネの友だちを訪ね、娘のことや、戦争前のこと、そして日記のことなどを話している。ナネッテによると、オットー・フランクは、収容所で生き残ったユダヤ人のリストを赤十字からもらっていたそうだ。ナネッテが生きていることも、そのリストを見て知ったという。

「オットー・フランクから手紙をもらったの。私は返事の中で、ベルゲン・ベルゼンでアンネに会ったこと、たぶん一九四五年の二月ごろだったことを伝えたわ。最初は有刺鉄線の金網をはさんでの対面だった。そのころはまだ、収容所の中がはっきりと区分されていたから。でも後で、有刺鉄線の金網は取り外されたの。私はアンネの居場所がわかっていたから、また会いに行った。そのときに、アンネが潜伏中も日記を書きつづけていたことや、戦争が終わったら、その日記を題材にして本を書きたいと思っていることを聞いたの。アンネはそのとき、潜伏先に残していた日記がまだ無事だと思っていたみたいだけど、どうしてそう思ったのか私にはわからないわ。

「それからオットーには、サナトリウムで出会った女の子のことも伝えた。その子は収容所でアンネとマルゴットと一緒だったの。ヴェステルボルクからアウシュビッツへは一緒に行かなかったと思うけれど、どういう巡り合わせか、また後で再会することになったということも手紙に書いた。お母さんが最初の選別を生き残ったことをアンネとマルゴットに話したのも、その女の子だったのよ。それもオットーに伝えたわ」

手紙を受け取ってから間もなくして、オットー・フランクはナネッテに会いにやって来た。そのときオットーは、アンネの日記を出版したいという話もしていたという。当時スイスに住んでいたオットーの母親は、その考えに賛成だったそうだ。

「オットーは、日記の出版について、私がどう思うか知りたがったの」とナネッテは言う。「でもそのとき、私はまだ十六歳だったのよ。そんな子供に尋ねられてもわからないわよね。だからオットーには、あなたがいいと思うなら、出版に賛成ですって答えたわ」

オットーはナネッテに初版の本を送った。当時はどの本もそうだったように、粗末な紙に印刷されていた。その本は、誰かに貸して、それきり返ってこなかったそうだ。ナネッテは、とても残念そうにその話をする。

アンネの日記を最初に読んだときは、どんな感想を持ったのだろうか。

「正直に言ったら、びっくりさせてしまうかもしれないわね」と、ナネッテは口ごもる。「私もアンネと同じ時代を生きて、同じような体験をたくさんしている。だから、それほどすごいことが書かれているとは思わなかったわ。ああいう出来事に慣れっこになってしまっていたのね。だから、他のたくさんの人が受けたような衝撃を、私は受けることができなかった。そのときは、アンネの日記が世界で聖書の次にもっとも読まれた本になるとは、思いもよらなかったわ」

「アンネの日記がここまで有名になり、評価されていることについてはどう思う?」

ナネッテはしばらく言葉を探す。「ある意味で、あの本は、オランダに根強く残る感傷的な神話を広める役割を果たしたと思うわ――つまり、オランダ人は同胞のユダヤ人を守ったという神話ね。でも実際は、ユダヤ系オランダ人の実に八割が、あの戦争で命を落としている。もしオランダ人が言われているほど同胞のユダヤ人を助けたのなら、八割なんて数字にはならなかったはずよ」

たしかにベルギーやフランスでは、その数字はオランダの半分になるようだ。しかし、オランダの数字だけが劇的に高くなっているからといって、オランダ人がユダヤ人に冷たかったという証拠にはならないだろう。戦争が始まったばかりのころ、フランスとベルギーには南へ逃れるルートが存在したが、オランダにはそれがなかった。それも数字の違いにつながっているかもしれない。加えて、ベルギーとフランスは軍事的に占領されただけだったが、オランダは軍事も行政もナチスに掌握されてしまった。そのせいで、反ユダヤ政策がすみずみまで行きわたることになる。しかし、それでもなお、五人に四人のユダヤ人が命を落としたという事実には、今でも胸が痛む。

終戦直後、ナネッテはあまりに身体が弱っていて、怒ることもできなかったという。しかし、苦しみは味わった。

「ずっと考えていたの。あんなにたくさんの人が亡くなったのに、なぜ私は助かったのかしらって。家族で生き残ったのは私だけだったのよ。この事実を受け入れるのは、とても難しかったわ」

戦争が終わったばかりのころ、ナネッテは両親がどうなったのか知らなかった。そして、よく家族の夢を見た。夢の中で、父親がナネッテの進む方向を指さし、他の家族はそれとは別の方向に進んでいく。もしかしたら、そのときすでに、他の家族がたどった運命を直感的に知っていたのかもしれない。ナネッテ本人はそう考えている。「両親も、兄も、いとこたちも……」。ナネッテはじっと前を見つめる。「父は一九四四年の一一月四日に亡くなった。捕虜交換要員として、うちの家族でもっとも価値があったのは父だった。だから、父がいなくなってしまったら、もう他の家族はドイツ人にとってはどうでもよかったの。

「一二月四日、兄がドイツのオラニエンブルクに移送された。そして五日には、今度は母がドイツのベエンドルフに移送された。母はそこで、工場で働かされていたの。五〇〇メートルか六〇〇メートルの地下にある工場で、他の外国人捕虜と一緒に飛行機の部品を作らされていた。労働環境は、それはそれはひどいものだったわ。それから母はまた列車に乗せられ、今度はハンブルクに連れていかれた。次にスウェーデンに連れていかれることになるのだけど、その移動の途中で亡くなったの」。ナネッテの母親が亡くなったのは、解放の直前のことだった。

「精神科の先生には一度診てもらったことがあるの」とナネッテは言う。「でも先生はこう言ったわ。『きみは今までの出来事をすべて乗り越えてきたのだから、精神科医など必要ないだろう』ってね」。そう言うと彼女は笑う。

「でも、戦争の後で、本当にセラピーやカウンセリングは必要なかったの？」と私は尋ねる。

「当時はまだそういうものはなかったのよ。もしあったら役に立ったかもしれないけれど、でもあのときセラピーを受けていたら、今どうなっていたかはわからないわ。イギリスではその話はしなかった。あるとき、いとこの一人から、『自分が寝ているときに何を言っているか知りたい？』って尋ねられたの。でも、私は知りたくないと答えた。自分と同じ体験をした人としか、戦争の話はしたくなかったの。だからロンドンでは、戦争の話をする気にはまったくなれなかったわ」

## 悲しい知らせ

ジャクリーヌにとって、解放の日は二つの意味を持っていた。ただ自由になれた日というだけでなく、人生が大きく転換した日でもあったからだ。その日ジャクリーヌは、親友のアンネが亡くなったことを知らされた。ずっとスイスで安全に暮らしているものだとばかり思っていたのに、実は戦争を生き残ることができなかったというのだ。ジャクリーヌに知らせるというつらい役目を担ったのは、アンネの父親のオットー・フランクだった。

「戦争が終わって最初にオットー・フランクが訪ねてきたとき、一人だったからびっくりしたのよ」と、ジャクリーヌは話を始める。「私は思ったわ。『アンネはどこなの?』って。戦争の間、アンネのことはまったく心配していなかった。スイスにいるものだとばかり思っていたから。だから、オットーがたった一人で家を訪ねてきたとき、私は事態がまったく呑みこめなかった。オットーはすっかりやせ細って、悲しそうな顔をしていたわ。そして、それまでのことを話してくれたの。フランク家はスイスに行ったのではなく、プリンセンフラハトの隠れ家に隠れていたってね。

「『密告されて、収容所に連れていかれたんだよ』とオットーは言っていたわ。『妻は亡くなった――アウシュビッツで殺されたんだ。アンネとマルゴットがどうなったかはわからない。生きていてくれるといいのだが』って」

「それからというもの、収容所に入れられていた人たちが帰ってくるたびに、オットーは娘たちのことを尋ねていたわ。そんなことが何週間も続き、ついにロッテルダムの二人の姉妹から、娘たちの消息を聞かされることになるの。『二人に会いました。そして亡くなるところも見ました』と、姉妹はオットーに話したのよ。

「戦争が終わって最初にうちを訪ねてから、オットーは前よりも頻繁に訪ねてくるようになった。でも最近になって、もしかしたらあれは私の記憶違いかもしれないって考えてみたの。私が覚えているほど頻繁には訪ねてこなかったかもしれないって。でも同じころ、彼の手帳を見る機会があって、たしかによくうちに来ていたことがわかった。ときには週に二回も訪ねてきたこともあったわ。

「オットーはうちに来ると、私を連れて出かけたの。私の家でアンネの話をしたくなかったからよ。彼は私を見ると、たちまち目に涙をためていたわ。毎回そうだった。私を見るたびに泣いていたの。すっかり悲しみに沈んでいて、慰めようもなかったわ。オットー・フランクにアンネの消息を知らせた姉妹の一人は、後でこう言っている。『父親に娘の死を伝えるのはとてもつらかったわ——彼はまだ望みを捨てていなかったんですもの』。オットーは完全に打ちのめされていた。とても見ていられなかったわ。

「ある日、彼に連れられて、あの『隠れ家』を訪ねたの。まだ博物館になる前のことよ。そのときの話をすると、隠れ家にいる間はずっとアンネ・フランクのことを考えていましたかという質問をされるのだけど、実はアンネのことは考えなかった。おかしいと思われるかもしれないけれど、あのときはオットーのことで頭がいっぱいだったのよ。以前は家族の全員と一緒にこの場所に隠れていたのに、今は一人ぼっちになってしまっている。あのときは、そのオットーの悲しい境遇のほうに、より胸が痛んだの。

「アンネのことで本当に感情的になったのは、ずっと後になってからだったわ。アンネが私宛てに書いた手紙を、オットーに見せてもらったときのことよ。アンネはその手紙を日記にも書き写していた。私に送ることができなかったからよ。そのときオットーから、タイプした手紙のコピーをもらったの。アンネが私宛てに書いてくれた手紙を、私は初めて読んだのよ。それだけでも胸が張り裂けそうだったわ。そして、一九七〇年に本物のアンネの日記を見せてもらったときも、心が深く動かされた。私に見せるために、オットーが保管場所から出して持ってきてくれたの。

「私への手紙の中で、アンネは楽観的だった。戦争はすぐに終わると考えていたわ。

「私が思うに、アンネは日記に好きなことを何でも書けるのが嬉しかったんじゃないかしら。周りが大人ばかりだったから、きっと寂しかったはずよ。私からの手紙を空想の中で創りあげたのも、その寂しさのせいだったのかもしれない――でもそれは、本当に悲しいことよね。アンネの日記は、空想の友だちへの手紙という形になっていたけれど、それも話し相手がほしかったからだと思うわ。アンネは本当に寂しかったんでしょうね。

「でもアンネは、自分で日記に書いているように、有名になりたいという気持ちもたしかに抱いていたわ。アンネの性格を考えれば自然なことね。自分が世界の中心だと信じていたから――クラスの男の子はみんな自分に恋してると信じていたのと同じようにね。アンネがそんなふうに思っているなんて、あのころの私はまったく気づいていなかったけれど、それは私だけかもしれないわね。

「後になってから、生き残った同じクラスの男の子の何人かと話したの。たとえばロブ・コーエンも、『ああ、アンネは本気でそう信じていたと思うわ。だって、日記にはいつも本当に正直な気持ちを書いていたから。もちろん、アンネはおもしろくて、一緒にいて楽しい子だったから、男の子たちも彼女のことが好きだったはずよ。

「アンネはときどきヘローという男の子と一緒に歩いていた。その姿を女の子の友だちにも見られるわけだけど、アンネはそれが楽しかったみたいね。私たちのほうをちらりとふり返って、まだ自分たちを見ているか確認していたわ。でもヘローはテレビのインタビューで、本当はお姉さんのマルゴットが好きだったと言っていたわね。マルゴットは高嶺《たかね》の花だったので、代わりにアンネと一緒にいたんですって。でもヘローも、アンネはたしかに一緒にいて楽しい子だったとも言っていたわ」

「それで、アンネのほうは誰かに恋をしていたのだろうか」と、私はジャクリーヌに尋ねる。

「好きな子はいなかったと思うわ」

「では、きみはどうだろう」

「私？　そうね、本当に好きな男の子が一人いたわ。でも彼は戦争を生き残ることができなかった。戦争前に、その子からブレスレットをもらったの。私はそれをずっと持っていたわ。ヨーピー・デ・ベールというのが、その子の名前よ」。ジャクリーヌは笑う。「でも、本気の恋愛だったかというと、どうなのかしらね。あのころの私は、まだ十二歳か十三歳だったもの。わからないわ。でも、本当に素敵な人だと思っていたことはたしかよ」

「今のきみがアンネ・フランクについての講演を行っていると知ったら、アンネ本人は何て言うだろう」

「私はドイツでの講演をよく依頼されるの。ドイツで話すのは、私自身にとっても興味深いことなのよ。聴衆がとても真剣に聞いてくれるから。私はあの時代の話をするのが好きだし、彼らが私の話を聞きたがるのは、私がアンネの話をするからよ。アンネがこのことを知ったら、きっと大喜びすると思うわ――だって、こんなにみんなから注目されているんですもの。あの隠れ家には自分の名前がついているし、世界中の誰もが自分のことを知っている。アンネもきっと嬉しいはずよ。

「前に、一人の女の子からこんな質問を受けたわ。私が今していることのすべてに対して、アンネはどう感じると思いますかという質問よ。答えるのにかなり時間がかかってしまったけれど、アンネは私がしていることを心から喜んでくれると思うわって答えたの。びっくりするでしょうけれど、でも喜ぶと思うってね」

## 苦しみの大小

一台のオートバイが走りぬける音で、私は解放を間接的に知った。一方アルベルトは、解放のニュースをラジオで聞いている。「最後に隠れた場所で、鉱石ラジオの作り方を習ったんだ」とアルベルトは言う。「英語の放送を自分だけで聴きたかったからね。ある晩、ドイツが降伏したというニュースがラジオから流れてきた。そのときはエームネスにいたんだけど、村の人たちが一斉に外に飛びだしてきたよ。父もその中の一人だった。ちょうどそのとき、父の靴が壊れてダメになってしまったということになっているんだ——占領中は、替えの靴なんて絶対に手に入らなかったからね」。アルベルトは、この象徴的な偶然を、完全には信じていないような口ぶりで話す——しかしもちろん、本当であろうとなかろうと、おもしろい話であることに変わりはない。

「ドイツ降伏のニュースを知った二日後に、アメリカ軍とイギリス軍がエームネス村にやって来た。それまでの空白の一日も、まだドイツ軍がそれぞれの家の前で身分証のチェックをしていたんだ。だからみんな、解放の日を過ぎても、怖くて家を出ることができなかった。ドイツ軍にその場で射殺されてしまうかもしれないからね。

「戦争が終わると、私はヒルフェルスムの学校に戻った。昼休みの時間になると、他の子供たちが私の周りに集まってきたんだ。みんな戦争を体験しているけれど、三年にもおよぶ迫害は経験していないからね。そのとき初めて、自分の状況が特別だったということに気づいたんだ。みんながみんな、あんな恐ろしい思いをしたわけではない。私は戦争で、親戚のほぼ全員を失った。見知らぬ土地に住み、三年間も命の危険にさらされていた。でも、同じ体験をした子供は、周りに一人もいなかったんだ。だから、新しい学校に行った最初の日は、とても暗い気分ですごしたよ。

「今から一五年ほど前に、潜伏生活を送っていた子供たちのための会議が、アムステルダムで開かれた。子供時代に同じ体験をした人たちが、お互いに自分の話をするために集まったんだ。終戦からずいぶんたってからのことだ。それまでは、潜伏生活を送っていた人の存在は、ほとんど注目されていなかった。収容所に比べれば、かなり恵まれていたという理由でね。

「それに会議の場でも、私はその思いを完全にぬぐい去ることはできなかった。たしかに潜伏生活を強いられてはいたけれど、家族四人はずっと一緒だったからね。全員が、戦争を生き残ることができた。会議の参加者のほとんどは、潜伏中は両親と離ればなれになっていた。それに、両親を殺されてしまった人もたくさんいた。ずっと家族と一緒だった人は多くない。だから、他の参加者たちに比べると、私の体験は取るに足らないと思ってしまった。自分はそれほどひどい目にはあわなかったじゃないか。家族と一緒に三年間隠れていて、みんな生きて終戦を迎えることができた……それはすばらしいことじゃないか、とね。

「でも、苦しみというものは、そういうふうに説明することはできないんだ。苦しみの種類によって、苦しみの大きさを比較することはできない。大切なのは、体験したそれぞれの個人の受け止め方だ。それなのに、あの会議では、苦しみに優劣のようなものがつけられていた。最悪の体験は収容所に入れられたことで、次が家族と引き離されて潜伏生活を送り、自分一人で終戦を迎えたこと、そして次がわが家のような状況だ。たしかにそれほどひどい状況ではないし、私たち自身もそれは認めざるをえないだろう。それでも、私は親戚の四分の三を亡くしたんだよ。

「だから、潜伏生活のことはあまり話さなかった。戦後間もなく、たぶん一九四七年ごろだっただろう。一家でアムステルダムに戻ると、新しい学校では同じクラスにユダヤ人の生徒が何人かいた。でも私も彼らも、戦争中のことは話さなかった。あれから何年もたって、当時同じクラスだった女性と再会したときに、初めて戦争のときの話をしたんだ。彼女の家族は、ひどい悲劇に見舞われていた。でも学校に通っていたころは、そんなことはまったく知らなかった。とにかく、戦争のことは、触れられない話題だったんだ」

## 金髪の大切さ

レニー・ダイゼントは、エルブルフという小さな町で解放を迎えた。四月一九日のことだ。しかし私の予想とは裏腹に、私たちは解放の喜びではなく、終戦を迎えることができなかった家族のことや、潜伏生活のつらさ、たくさんのユダヤ人の命を奪った密告や裏切りについて語り合うことになる。

「私の祖母は、アウシュビッツに向かう列車の中で亡くなったの。衰弱して亡くなったのかもしれないし、殺されたのかもしれない」とレニーは言う。「そして、母の姉妹の一人は、夫と四人の子供と一緒にソビボルで殺された。いとこの一人の両親もソビボルで殺された。母の兄弟の一人も、妻と幼い息子と一緒にソビボルで殺された。

「一九四一年に、ユダヤ人として登録することと、血筋についての情報を提供することがすべてのユダヤ人に義務づけられたとき、多くの人が命令に従った。後になってわかったのだけど、そのとき命令に従わなかったユダヤ人の多くが、戦争を生き残ることができたの。でも、私を含めて多くのユダヤ人が、ユダヤ人として登録し、氏名と住所も提出した。一目でユダヤ人とわかる人もたくさんいたわ。そういう人は、星をつけていなくても、ただ道を歩くだけで身の危険にさらされた。両親は別々の場所に隠れていた。父は見るからにユダヤ人だったので、外に出ることはできなかった。でも母は金髪だったから、外に出ても大丈夫だったのよ。

「もちろん、いちばん恐ろしいのは、オランダ人の大半がこの状況に無関心だったことね。ユダヤ人をかくまうことができた家族でも、ほとんどが受け入れようとしなかった。エルブルフに行く前に、ある家に何日かお世話になったの。夫婦と、二歳の子供がいる家庭だった。奥さんは妊娠していて、だいぶお腹も大きくなっていたので、ユダヤ人を受け入れるのを嫌がっていた——でも、それはよく理解できるわね。だからほんの数日で、また別の家に移ることになった」

「きみは戦争のせいで、子供時代の一部を失ったように感じているだろうか」と私は尋ねる。

「一部はたしかに失ったでしょうね。隠れている間は、厳しい制約がたくさんあって、外の世界に触れる機会はほとんどなかったもの。森の中のキャンプに移ってからは、少なくとも人と会うことはできた——ほとんどはユダヤ人ね。同じ苦しみを味わっている人たちと話ができるのは、自分一人で閉じ込められているのよりもずっとよかったわ。

「結局、私の潜伏生活は二年足らずだった。見つかりそうになっても、そのたびになんとか逃げることができた。密告すると、ドイツ軍からお金がもらえたのよ。それに密告だけでなく、隠れているユダヤ人や、ユダヤ人をかくまっているオランダ人の不注意から、当局にばれてしまうこともあったのかもしれない。いずれにせよ、多くの人が見つかってしまった。公式の数字は全体の三分の一ということになっているけれど、私は隠れていたユダヤ人の半分は見つかったと思うわ」

私たちはしばらく口をつぐむ。レニーはなぜ、そんなに何度も密告されたのだろうか。一緒に隠れていたユダヤ人の数が多かったからだろうか。ここでもまた、私は自分がいかに幸運だったかを思い出す。アムステルダムからやって来た校長先生の甥で、身分証に「J」のスタンプも押されていない。私の場合は、本当の自分を隠すのはそれほど難しくなかった——そして、正体がばれなければ、密告される心配もない。

# エピローグ
## 予想外の事実

私はファッセンへ行き、かつて潜伏生活を送っていた家の呼び鈴を鳴らす。はたして現在の住人は、私の過去を再構築する助けになってくれるだろうか。彼らが私を知っている可能性は、ほとんどないだろう。しかし、戦争中にこの家に住んでいた家族については、何か知っているかもしれない。玄関の横には、松ぼっくりでできた額縁に、ドライフラワーのブーケが飾られている。

陽気な女性がドアを開ける。七十三歳になる彼女の夫も在宅で、私と話をする。この夫婦は、一九六六年にファン・ベーク家からこの家を買い、七〇年代にいろいろと改築を行ったそうだ。隣にあった学校は、もうずっと昔になくなっている。

私が以前ここに住んでいて、校長の甥と名乗っていたことを伝えると、夫はかすかに思い出したようだ。「でも、言われないとなかなかわかりませんよ。今のあなたはヒゲを生やしていますからね。それとも、十三歳のときからヒゲを生やしていましたか?」

私は彼に、戦争当時の知り合いで、まだ覚えている人はいるか尋ねる——そして彼は、いると答える。私と違い、彼の記憶力はまだ健在だ。私たちは二人で、何人かの名前をあげていくが、私も知っている人が新しく出てくることはない。それに、彼らの全員がすでに亡くなっている。

私たちは何度も、戦争からずいぶん年月がたったことを口にする。自分自身の過去さえわからないことだらけなのだから、戦争の正しい歴史を完成させることはほぼ不可能だろう。私はまた、彼に尋ねる。あなたが覚えている人の中で、私を知っていそうな人は他にいるだろうか?

「何人か心当たりはありますが、みんな亡くなってしまいましたよ」と彼は言う。

「ほら、でも、あなた」と、彼の妻が声をかける。「トゥーンティー・ベークハイスがいるじゃない」

「たしかにそうだ——トゥーンティー・ベークハイスがいたな。彼女を覚えていますか」

私はすぐには思い出せない。「わからないな。少しは覚えているかもしれない。もちろん、私にとっても六〇年も前のことだからね。その女性は遠くに住んでいるのかな」

「いいえ、すぐ近くですよ。介護付きの住宅で暮らしています。訪ねていけば、きっと会えると思いますよ」

「ミセス・T・ベークハイス」。呼び鈴の横にあるドアの表札には、そう書いてある。呼び鈴を押し、訪ねてきた理由を説明すると、すぐに中に通される。エレベーターを降りて廊下に出ると、両側にいくつかのドアが見える。一人の女性が、笑顔を浮かべながらそのうちの一つのドアを開ける。「あなた、私の顔を覚えていないでしょう」と彼女は言う。

私の表情を見て、これは覚えていないとすぐに気づいたようだ。

「すぐには思い出せませんが、でもまたお会いできて嬉しいです」

「私も言われなければわからなかったわ。私が覚えているあなたは、ずっと子供のままだから」。彼女はそう言うと、私がどれくらい小さかったかを示すために、子供の背丈ぐらいの高さに手をかざす。彼女は私を中に通し、姪のベティ・フォスを紹介する。長いビーズの首飾りをして、五〇年代の映画スターのような風格のある女性だ。

「それで、今日はどんなご用件でいらしたのかしら」とトゥーンティーは尋ねる。

そこで私は、潜伏生活を送っていたときの自分を知っている人を見つけて、当時の話を聞きたいと思ったからだと説明する。

「私たちは戦争中、ずっとユリアナラーンにいたの。隠れているユダヤ人はそこにもいたわ」。彼女はそう言うと、姪のベティがそのユダヤ人夫婦と同じ部屋に住んでいたとつけ加える。訪問者があると、ベティは急いで部屋のドアを閉めていたそうだ。

「こんなことをお尋ねするのは恐縮ですが」と私は言う。「私は七十八歳になりますが、あなたは何歳になるのでしょうか」

「来月で八十四ですよ。だからあなたよりもずっと年上ね」。彼女は笑う。

それから彼女は、ファン・ベーク夫妻のどちらかのお葬式でも私を見かけたと言う。そのとき、私たちの間に会話はなかったそうだ。

「そのときベティに言ったんですよ。『まあ、あの子はもう昔のテオではないわね。すっかり変わってしまったわ』って。あなたはヒゲを生やしていたでしょう。私は子供のときのテオしか知りませんでしたからね。のんきな子で、よく飛び跳ねていたわ。あいう遊びのクラブに入っていたのかどうかは知らないけれど。でもそもそも、戦争中はクラブ活動なんてそんなになかったものね」

私は彼女に、子供たちで作っていた模型飛行機のクラブのことを話し、そして現在の仕事について話す――ゲームのデザイナーだ。もしかしたら、彼女の子供たちも、私がデザインしたゲームの一つで遊んだことがあるかもしれない。

戦争が終わるまでずっとファン・ベーク家でお世話になったという話をすると、トゥーンティーは、それは危険な行動だったと言う。特に、私は学校にも通っていたからだ。

彼女の家でも、ユダヤ人を何人かかくまっていたという。その一人が、ミセス・ファン・タインという女性だった。ミセス・ファン・タインは、潜伏生活の間もよくアムステルダムに住む親族の一人を訪ね、隠れている人たちのための生活費を受け取っていた。トゥーンティーの姉が一緒に列車に乗って、そのアムステルダム訪問に同行していた。

「でも姉は、母がなぜミセス・ファン・タインと自分をアムステルダムに行かせたのか、今になってもまだわからないと言っているわ。彼女たちがうちに家賃をいくら払っていたのかはわからないけれど、いずれにせよ、そんなにお金は必要なかったはずよ」

「私の記憶が正しければ、私の母も、毎月ファン・デーレン牧師の家に来て、六五ギルダーを支払っていたはずです。ファン・ベークさんに払う家賃のお金だったのでしょうが、でもファン・ベークさんは、たとえお金を受け取らなくても、私たちをかくまってくれたと思います。私はよくこう言っているんですよ――私に命を与えてくれたのは両親で、私の命を守ってくれたのはファン・ベークさんだって」

「うちではお金はどうしていたのかは覚えていないわ。いずれにせよ、しばらくすると、隠れている人たちがもうお金を払えなくなってしまったの。それからはずっと、お互いに相手を信頼して、うちは無償で部屋を提供していたわ。そして戦争が終わると、彼らは払えなかったお金を全額きちんと払ってくれたの。あの人たちとは、一生のおつきあいになったわ。身内の結婚式にも参列してもらったの」

「彼らはファッセンの中を自由に動きまわることができたのでしょうか」

「いいえ——他の家族を訪ねるために、ごく近所までなら出かけることはあったけれど、それも必ず暗くなってからだった。それ以外は外には出なかったわね。最初の予定では、うちに滞在するのは三週間だけで、それからエムストの他の家に移ることになっていたの。私たちはみんな、戦争はすぐに終わると思っていたのね。父がよく、わが家は伸縮自在だって言っていたわ。たくさんの人を詰めこむことができるからよ。ドイツ軍による家宅捜索が始まると、うちが昼の間の避難所になったのよ。

「うちにもラジオがあって、レジスタンスのメンバーがよく聴きにきていたわ。ラジオは階段の踊り場に置いてあったから、私の部屋に隠れていたユダヤ人たちのところにも音が届いていた。レジスタンスのメンバーは、ユダヤ人のことは知らなかったの。知らなければ、密告することもできないものね。

「ユダヤ人たちをかくまうようになる前は、正面の窓にかかっているカーテンはいつも開いていたし、窓辺にはたくさんの花を飾っていた。でも彼らが住むようになると、カーテンはいつも閉めるようになり、花も飾らなくなったの。人に事情を尋ねられると、もう花を買うお金がないからと答えていたわ。一週間おきにうちへ来ていた仲の良い友だちがいたのだけど、その子はまったく何も尋ねなかった――うちではユダヤ人たちを二年と三ヶ月もかくまっていたのにね。あの時代は、何も尋ねないのがいちばんだったのよ」

「このあたりにもナチスの協力者はいたのでしょうか」と私は尋ねる。

「ええ、いたわ――ヘールモレン農場のウィッテフェーンがそうだった。でもあなたも、それは知っていたはずよね」

「いいえ、知りませんでした」

「彼はオランダ・ナチ党（NSB）のファッセン支部長だった。農業の腕はたしかな人だったのにね。ヘールモレン農場で働いていたの。ここファッセンにある、あの大きな農場よ。ウィッテフェーンの子供たちは、いつも黒い服を着て、オレンジ色の小さな帽子をかぶっていた。ときどき、ユリアナラーンを自転車で走っていたから、うちの近くを通ることもあったわね。

「ウィッテフェーンは、ときどきは情けを見せることもあったけれど、基本的には忠実なNSB党員だった。昔はうちと一緒に教会に通っていたけれど、でもNSBに入党してからは、牧師さまと疎遠になってしまったみたい。ウィッテフェーンの家はうちの隣だったから、戦争が終わると父が訪ねていったの。彼は教会に見捨てられたと感じていたらしいわ。実際は自分で教会に行くのをやめてしまったのだけど、教会のほうから手をさしのべてくるべきだと考えていたのね」

「ファッセンには他にもユダヤ人はいたのですか」

「ええ、いましたよ――ファン・デン・ボス夫妻がそうだったわ。でも、それは誰も知らなかったはずよ。二人も潜伏生活を送っていて、ときどきこっそりとうちを訪ねていたの」

ファン・ベーク家の人たちは、私を息子として受け入れてくれただけでなく、本当に愛してくれた。私のほうも、それが本当に嬉しかった。そのことをトゥーンティーに話すとき、私は大きな喜びに包まれる。

「たしかにそうね」と彼女は答える。「あなたはこの場所に完全に溶け込んでいたわ。普通に学校にも通っていた――それも、自転車に乗ってね。本当にファン・ベーク家の息子のようだった」

「私のことを、もしかしたらユダヤ人かもしれないと思ったことはありますか」

「もしかしたらではなくて――私は知っていたのよ！」と、彼女はほほえみながら答える。

「何ですって」。私はてっきり、聞き間違えたのかと思う。「私がユダヤ人だと、知っていたのですか」

「ええ、みんなが知っていましたよ。うちにユダヤ人の夫婦が隠れていたことは誰も知らなかったけれど、ファン・ベークさんの家のことはみんな知っていた。ただ、誰もあえて口に出さなかったけれどね」

私は驚きのあまり、しばらく言葉を発することもできない。


外に出ても、私はまだ呆然《ぼうぜん》としている。村の人たちが私の秘密を知っていたなんて、まったく気づいていなかった。校長先生の甥という話を、みんなが信じているものだとばかり思っていた。ところが、私がユダヤ人であることを村の全員が知っていて、それでも秘密にしてくれていたというのだ。

これはまったく予想外の事実だ。もし秘密を知られていることに気づいていたら、私の潜伏生活はまったく違ったものになっていただろう。あんなに自由気ままに自転車を乗りまわしたりできなかったはずだ。いつも何かにおびえ、気の休まる暇もなかったに違いない。楽しい思い出としてふり返っていること、たとえば学校に通ったことや、自転車に乗ったこと、模型飛行機を作ったことなども、絶対にできなかったはずだ。アルベルトやレニーと同じように、いつも人目につかないように細心の注意を払い、隠れ家から隠れ家へと移り住んでいたはずだ――または、ずっと同じ隠れ家にとどまり、ぴったりと閉じられた窓の中で、外の世界から完全に切りはなされていたかもしれない。ちょうどアンネと同じように。

幸運と不運の違いは、まさに紙一重だ。バレント・ファン・ベークは村人から尊敬される校長先生だったが、もし仮に、村人から不人気で、恨みを買うような人物だったとしたら？　または、私の血筋を記した書類を処理したお役人が、私の祖父母は四人ともユダヤ人だと登録していたら？　私の場合は、幸運にもすべてが最善の結果になってくれた――それに、もしかしたら自分の気づいていないところでも、幸運に恵まれていたのかもしれない。

しかし、それも一歩間違えば、私はまったく違った運命を歩んでいたはずだ。アンネ・フランクの父親は、家族が安全な潜伏生活を送るために、とことんまで考え抜いた、完璧な計画を立てていた。しかし、私の場合はあんなに味方になってくれた運に、たった一度だけ見離されてしまったのである。

本来、人間の人生は、幸運とか不運のようなものに左右されるようなことがあってはならない。ゲームに勝つためには運も必要かもしれないが、人の命が運で決まるようになると、そこに正義はまったく存在しなくなる。第二次世界大戦は、まさにそんなことばかりだった――もちろん、戦争とはすべてそういうものだ。

現在、戦火に生きることの本当の意味はすでに忘れ去られ、戦争を避けることの大切さもほとんど顧《かえり》みられることはない。戦争の記憶とは、つねにふり返る必要のあるものなのだろう。

# 映画について

一生のうちでもめったに経験できないような数週間をすごした私は、小所帯の映画スタッフとともに飛行機に乗り、アムステルダムのスキポール空港からテルアビブに向けて出発する。機内持込の手荷物の中には、撮影したフィルムが入っている――一巻で八〇分のフィルムが一八巻だ。

私はすでに、この経験から深い影響を受けている。しかし、ここでの主役は私ではない。いちばん大切なのは、未来の世代に何かを残すということだ。映画という、形のある何かを残すことで、未来の世代の人たちにも、戦火の下ですごす子供時代の姿を、ある程度までは想像してもらうことができるだろう。日常的なことや、例外的なこと。小さな幸せの瞬間や、信じられないほどの苦しみ。そして、残酷な運命のいたずら。

二〇〇八年三月のある美しく晴れた日に、その瞬間はついに訪れた。ドキュメンタリー映画『アンネ・フランクのクラスメート（Classmates of Anne Frank）』がついに完成したのである。前から決めていたように、最初に映画を観た観客は私の孫たちだ。そしてもちろん、登場しているクラスメートたちにもすぐにコピーを送った。私はこの映画のために、一年半にわたってメールのやりとりをし、執筆し、撮影を行ったのだが、その歳月が無駄ではなかったことは彼らが保証してくれた。

映画はまずテルアビブ・シネマテークで一般公開され、続いてエルサレム、ブカレスト、ベルリン、パリ、サンパウロ、ニューヨークなど、世界各地の映画祭で上映されることになる。モントリオールとエドモントンの映画祭で上映されたときには私も招待された。そして二〇〇九年の四月、ラスベガス国際映画祭でシルバーエース賞を受賞する。その同じ月に、今度はイスラエルのテレビで放送され、二〇一〇年の春にはオランダのテレビでも放送された。

私の願いは、オランダでもそれ以外の場所でも、この映画を観たすべての人に、戦火に生きる子供たちそれぞれの個人的な思いを、より深く理解してもらうことだ。子供たちが大人の憎しみや不寛容の犠牲になるようなことは、決してあってはならない。

## 謝辞

ドキュメンタリー映画制作と本書の執筆を助けてくれたすべての人たちに、心からの感謝を捧げる。最初に名前をあげたいのは、もちろん元クラスメートたちだ。ナネッテ・ブリッツ（サンパウロ）、ハンナ・ホスラー（エルサレム）、レニー・ダイゼント（アムステルダム）、ジャクリーヌ・ファン・マールセン（アムステルダム）、そしてアルベルト・ゴメス・デ・メスキータ（アイントホーフェン）。それに妻のオラ・ローゼンブラットにも、その愛と忍耐、アイデアに感謝したい。ドキュメンタリー映画にすばらしい貢献をしてくれたエヤル・ブールス、マルティン・カルクホーフェン、ウリ・アッケルマン、ミカエル・ホーレフィフ、ヒラ・ハラマティ、そしてアリザ・コステル。オランダでのドキュメンタリー映画制作について貴重な助言をしてくれたペーター・ウィンヘンデルとロナルド・コープマンス。歴史とユダヤ的な表現を指導してくれたサッシャ・デ・ウィートとモーリス・シュマーク。本書の出版を信じてくれたハロルド・デ・クローン。すばらしい編集の腕を発揮してくれたアネッテ・ラフリーセン。そして私の物語を文字に書き起こしてくれたマルティアン・ボス。以上の方々にも感謝の意を表したい。

## 著者紹介

**テオ・コステル** Theo Coster

アンネ・フランクの元クラスメート。アムステルダムのユダヤ人中学校時代、アンネとは同じクラスで友人だった。妻のオラとともにテオラ・デザインを経営し、全世界で人気を博した「Guess Who?」など数多くのおもちゃやゲームを世に送り出す。ドキュメンタリー映画『The Classmates of Anne Frank』のエグゼクティブ・プロデューサー。この映画はテルアビブ、ニューヨーク、サンパウロなど、世界各地で上映される。一九五五年からイスラエル在住。

## 訳者紹介

**桜田直美** Sakurada Naomi

翻訳家。早稲田大学第一文学部卒。訳書に『長寿と性格』(清流出版)、『「PULL」の哲学』(主婦の友社)、『ハーバード大学教授が語る「老い」に負けない生き方』(アスペクト)、『仕事と幸福、そして人生について』(ディスカヴァー21)など多数。

# アンネ、わたしたちは老人になるまで生き延びられた。

## クラスメートたちがたどるアンネ・フランクの思い出

二〇一二年八月八日　初版第一刷発行
二〇一六年二月十八日　初版第三刷発行

著　者　テオ・コステル
訳　者　桜田直美
©Naomi Sakurada 2012,Printed in Japan
発行者　藤木健太郎
発行所　清流出版株式会社
〒一〇一-〇〇五一　東京都千代田区神田神保町三-七-一
電話　〇三-三二八八-五四〇五
振替　〇〇一三〇-〇-七七〇五〇〇
http://www.seiryupub.co.jp/
印刷・製本　大日本印刷株式会社
乱丁・落丁本はお取替えいたします。
ISBN978-4-86029-392-5